“ධම්මෝ හි වාසෙට්ඨා, සෙට්ඨෝ ජනේතස්මිං
දිට්ඨේ චේව ධම්මේ, අභිසම්පරායේ ච.”

වාසෙට්ඨයෙනි, මෙලොවෙහි ත්, පරලොවෙහි ත්
ජනයා අතර ධර්මය ම ශ්‍රේෂ්ඨ වෙයි !

- අග්ගඤ්ඤ සූත්‍රය - භාග්‍යවත් බුදුරජාණන් වහන්සේ

අලුත් දහම් වැඩසටහන - 28

සැබෑ පිහිට හඳුනාගනිමු

පූජ්‍ය කිරිබත්ගොඩ ඤාණානන්ද ස්වාමීන් වහන්සේ

ISBN : 978-955-687-164-7

ප්‍රථම මුද්‍රණය : ශ්‍රී බු.ව. 2562 පොසොන් මස පුන් පොහෝ දින

සම්පාදනය : මහමෙව්නාව භාවනා අසපුව
වඩුවාව, යටිගල්ඔළුව, පොල්ගහවෙල.
දුර : 037 2244602
info@mahamevnawa.lk | www.mahamevnawa.lk

පරිගණක අකුරු සැකසුම, පිටකවර නිර්මාණය සහ ප්‍රකාශනය : මහාමේඝ ප්‍රකාශකයෝ
වඩුවාව, යටිගල්ඔළුව, පොල්ගහවෙල.
දුර : 037 2053300, 076 8255703
mahameghapublishers@gmail.com

මුද්‍රණය : තරංජි ප්‍රින්ට්ස්,
506, හයිලෙවල් පාර, නාවින්න, මහරගම.
ටෙලි: 011-2801308 / 011-5555265

චතුරාර්ය සත්‍යාවබෝධයට ධර්ම දේශනා.....

සැබෑ පිහිට හඳුනාගනිමු

අලුත් දහම් වැඩසටහන
28

පූජ්‍ය කිරිබත්ගොඩ ඤාණානන්ද ස්වාමීන් වහන්සේ

විසින් පොල්ගහවෙල මහමෙව්නාව භාවනා අසපුවේ අලුත් දහම් වැඩසටහනේදී සිදු කළ ධර්ම දේශනා ඇසුරිනි.

මහාමේඝ
MAHAMEGHA

ප්‍රකාශනයකි

පෙළගැස්ම....

නමෝ තස්ස භගවතෝ අරහතෝ සම්මාසම්බුද්ධස්ස
ඒ භාග්‍යවත් අර්හත් සම්මා සම්බුදුරජාණන් වහන්සේට නමස්කාර වේවා!

01.
උදේ වරුවේ ධර්ම දේශනය

සැදැහැවත් පින්වත්නි,

අද මේ මාසික දහම් වැඩසටහනේදී විශේෂ සූත්‍ර දේශනාවක් කියා දෙන්ටයි අපි බලාපොරොත්තු වෙන්නේ. මේ දේශනාවේ නම **ආලවක සූත්‍රය.** මේ සූත්‍රයෙන් විශේෂ කරුණු තුනක් ඉස්මතු වෙනවා. විශේෂ ම කාරණය තමයි බුදුරජාණන් වහන්සේගේ අනුත්තරෝ පුරිසදම්ම සාරථී කියන ගුණය. අපගේ ශාස්තෘන් වහන්සේගේ සම්බුදු ගුණ අතර එක්තරා විශේෂ ගුණයක් තමයි අනුත්තරෝ පුරිසදම්ම සාරථී ගුණය. ඒ කියන්නේ අපගේ ශාස්තෘන් වහන්සේ මේ ලෝකයේ අන් අයව දමනය කරන අය අතර අනුත්තරයි. උන්වහන්සේ මේ ලෝකයේ කිසි කෙනෙක්ට දමනය කරන්ට බැරි අයෙකුව දමනය කරලා ඔහුට ධර්මාවබෝධය ලබා දෙන මහා අසිරිමත් කථාවක් මේ ආලවක සූත්‍රයේ සඳහන් වෙනවා.

ඊළඟ එක, මේ ආලවක කියන අතිශය භයානක, දුර්දාන්ත, අවිනීත, බිහිසුණු පුද්ගලයා මාර්ගඵලලාභී

ශ්‍රාවකයෙක් වෙන හැටි. ඊළඟට මේ ආලවක යක්ෂයාට බිල්ලට ගෙනාපු පුංචි දරුවා, ආලවක කුමාරයා හත්ථක ආලවක නමින් පන්සීයක් උපාසකවරු පිරිවරාගත් අනාගාමී උපාසකයෙක් වෙලා මේ බුද්ධ ශාසනයේ අග තනතුරක් ලබන හැටි. මෙන්න මේ කරුණු තුන ම ආලවක සූත්‍රයත් එක්ක සම්බන්ධයි.

අලව් රජුගේ දඩයම....

බුදුරජාණන් වහන්සේ ලෝවැසි පුද්ගලයන්ව විමසා බැලීමේදී උන්වහන්සේගේ මහා කරුණා සමාපත්තියට ඒ පුද්ගලයන් මුණගැසෙන්නේ ඒ ඒ පුද්ගලයන් තුළ තියෙන පින අනුවයි. මේ ආලවක සූත්‍රයේත් එහෙම සිද්ධියක් තමයි තියෙන්නේ. අපි දැන් මේ කථාව පිළිවෙළින් ශ්‍රවණය කරමු. අලව් රට කියන්නේ සැවැත් නුවර ඉඳලා යොදුන් තිහක් දුරින් තිබුණු රටක්. අලව් රට පාලනය කළේ ආලවක කියන රජ්ජුරුවෝ. මේ ආලවක රජ්ජුරුවෝ වරින් වර රාජ සම්පත් අත්හැරලා ව්‍යායාම පිණිස පිරිසත් එක්ක වනාන්තරයට ගොහින් දඩයමේ යනවා.

දවසක් මෙහෙම දඩයමේ යද්දි රජ්ජුරුවෝ බලකායත් එක්ක මෙහෙම කතිකා කරගත්තා "අපි මුවන්ව අල්ල ගන්ට වට කළාට පස්සේ බැරිවෙලාවත් මුවෙක් යම් කිසි කෙනෙක් ළඟින් පැනලා ගියොත් ඒ පැනලා ගිය මුවාව අල්ලා ගැනීම ඒ කෙනා විසින් ම කළ යුතුයි" කියලා. ඉතින් එදා දඩයමේ ගියාම රජ්ජුරුවෝ හිටපු තැනින් ම මුවෙක් පැන්නා. දැන් ඒ මුවාව අල්ලා ගැනීම කරන්ට ඕනෙ කවුද? රජ්ජුරුවෝ. රජ්ජුරුවෝ මොකද කළේ, මුවා අල්ලගන්ට මුවා පස්සේ පන්නාගෙන ගියා. ඒ මුවා යොදුන් තුනක් එක දිගට දිව්වා. රජ්ජුරුවොත්

යොදුන් තුන ම එක දිගට මුවා පස්සේ පන්නාගෙන ගියා. යොදුන් තුනකින් පස්සේ මුවාට යා ගන්න බෑ. ඔන්න රජ්ජුරුවෝ මුවාට විදලා මැරුවා.

නුගරුක යට අලව් භවන....

මේ රජ්ජුරුවන්ට මුවාගේ මසෙන් වැඩක් නෑ. නමුත් හිස් අතින් යන්න බෑ නොවැ. හිස් අතින් ගියොත් අනිත් අය හිතනවා මුවාව අල්ලගන්ට බැරුව රජ්ජුරුවෝ හිස් අතින් ආවා ය කියලා. ඒ නිසා මුවාව කදක ගැටගහගෙන දැන් කරේ තියාගෙන එනවා රජ්ජුරුවෝ. අලව් නගරයට ටිකක් ඈතින් හොඳට අතු ඉති විහිදුණු මහා නුගරුකක් තිබුණා. රජ්ජුරුවෝ මේ නුග රුක යටට ගිහිල්ලා අර කදත් පැත්තකින් තියලා පොඩ්ඩක් ගිමන් හැරියා. ගිමන් හරිනකොට එක පාරට කවුද අමනුස්සයෙක් ඇවිල්ලා රජ්ජුරුවන්ගේ අත කිටි කිටි ගාලා තදින් අල්ලගත්තා. එතකොට රජ්ජුරුවෝ හොඳටම භය වුණා. භය වෙලා නැගිටින්න හදනකොට "නැගිටින්න බෑ.... තෝ දැන් මටයි අයිති. මේ ගහ යටට කවුරු හරි ආවොත් ඒ කෙනාව කන්ට මට කැපයි. මං දැන් තෝව කනවා" කියලා යකා කිව්වා.

මරු කටින් ගැලවුණා....

රජ්ජුරුවෝ හොඳටම භය වෙලා කිව්වා "අනේ යක්ෂය, මාව අතෑරපං. මාව අතෑරියොත් මං නුඹට හැමදාම බත් තළියක් එක්ක මිනිස් බිල්ලක් දෙන්නම්" කියලා. එතකොට යකා කිව්වා "මට කන්ට අවසර තියෙන්නේ මේ මගේ සීමාවට ආපු එකෙක්ව විතරයි. එහෙම ආපු නැති එකෙක්ව මට කන්ට වරම් නෑ.

බැරිවෙලාවත් උඹ ගොහින් රජකම කරන අතරේ මේ පොරොන්දුව සිහි නොකළොත්....? ඒ නිසා යන්න දෙන්ට බෑ" කිව්වා. එතකොට රජ්ජුරුවෝ "අනේ නෑ දේවතාවුන් වහන්ස, (යක්කුන්ට දේවතාවුන්නාන්සේ කියලනෙ මේ රටෙත් කියන්නෙ. යකින්නියන්ට කියන්නේ මෑණියෝ කියලනෙ) මං එහෙම කරන්නේ නෑ. මං අනිවාර්යයෙන් ම බිල්ල දෙනවා" කිව්වා. ඊට පස්සේ යකා "හා.... එහෙනං මං දැන් තෝව නිදහස් කරනවා. හැබැයි උඹ මේ වෙච්චි පොරොන්දුව හරියට ක්‍රියාත්මක කොරපං" කියලා අතෑරියා. ඔන්න අලව් රජා මරු කටින් ගැලවුණා.

නගරාරක්ෂකගෙන් උදව්....

දැන් ඉතින් පණත් බේරගෙන, දාඩිය දාලා, ඇඟ නිකං මැලවිලා, අමාරුවෙන්, හිමින් හිමින් එනවා කඳත් උස්සගෙන. සේනාවත් කඳවුරු බැඳගෙන බලාගෙන ඉන්නවා රජ්ජුරුවෝ එනකං. ඔන්න දැන් දාඩිය දාගෙන, හති දාගෙන රජ්ජුරුවෝ එනවා. සේනාව ඉක්මනින් ගිහිල්ලා රජ්ජුරුවන්ව වට කරගත්තා. වට කරගෙන ඇහුවා "හප්පේ දේවයන් වහන්ස, මොකෝ මේ? හොඳටම හයවෙලා වගේ නෙ" කියලා. නෑ මොකොවත් නෑ කිව්වා. සේනාවට විස්තරේ කිව්වෙ නෑ.

රජ්ජුරුවෝ ආපහු මාළිගාවට ගිහිල්ලා නාලා කාලා බීලා නගරගුත්තිකට (නගරයේ ආරක්ෂාව භාරව සිටින කෙනාට) එන්න කිව්වා. අඬගහලා කිව්වා "මිත්‍රයා.... මට රහසක් කියන්න තියෙනවා. අද දඩයමේ ගිය වෙලාවේ මං යකෙකුට අහුවුණා නොවැ. යකා මාව බිල්ලට ගන්ට ම යි හැදුවේ. අතෑරියේ නෑ. මගේ අත කිටි කිටියේ තදින් අල්ලගෙන හිටියා. අන්තිමට හැමදාම මිනිස් බිල්ල

ගානේ දෙන්න පොරොන්දු වෙලා තමයි මං නිදහස් වෙලා ආවේ" කියලා.

කාල සීමාවක් නියම කරගන්ට බැරිවෙලා....

එතකොට නගරගුත්තික ඇහුවා "දේවයන් වහන්ස, කොච්චර කාලෙකට ද දෙනවා කියලා පොරොන්දු වුණේ?" "කාලයක් නම් පොරොන්දු වෙන්ට බැරිව ගියා" කිව්වා. එතකොට නගරගුත්තික කිව්වා "ෂකේ.... හරි භයානක වැඩක් නෙ තමුන්නාන්සෙ කළේ. යකුන්ට කාලයක් නියම කරගන්ට එපැයි ඕක දෙන්ට. කාලයක් නියම කරගන්ට බැරි වෙච්ච නිසා අනාගතේ මේ ජනපදයටත් බොහොම කරදර වෙන්ට පුළුවනි ඔය යක්ෂයාගෙන්" කියලා. ඊට පස්සේ කිව්වා "හා කමක් නෑ.... දැන් ඉතින් වෙච්ච දේ වුණා නොවැ. තමුන්නාන්සේ සැපසේ වාසය කරන්ට. මං මේකට මොකාක්හරි පිළිවෙළක් යොදන්නම්" කිව්වා.

හිරගෙදරින් නිදහස....

ඊට පස්සේ මේ නගරගුත්තික පහුවදා පාන්දරින්ම බන්ධනාගාරයට ගිහිල්ලා "නිදහස් වෙන්ට කැමති එකෙක් අත උස්සාපං" කිව්වා. පෝළිමට අත උස්සගෙන ආවා "මං කැමතියි... මං කැමතියි..." කියලා. එකාටයි නිදහස දෙන්නෙ කිව්වා. හා මං කැමතියි කියලා මිනිහෙක් ආවා. එහෙනං වර යන්ට කියලා එක්කන් ගියා. ඉස්සෙල්ලාම වතුර නාපිය කියලා නාන්ට දුන්නා. දැන් උඹ හොඳට බත් කාපං කියලා කන්ටත් දුන්නා. ඊට පස්සේ බත් තළියක් අතට දීලා "එහෙනං දැන් තෝ මේකත් අරගෙන අසවල් නුග රුක යටට පල" කිව්වා. එතකොට මේ මනුස්සයා ඒ

බත් තලියත් අරගෙන අර නුගරුක යටට ගියා. බලන්න බුදුරජාණන් වහන්සේ වැඩ ඉන්දෙද්දි ඉන්දියාවෙ තත්වය.

නුගරුක යටට ගිය ගමන් යක්ෂයා මොකද කරන්නේ, භයානක පෙනුමක් අරගෙන, බිහිසුණු හඬ නංවමින් අර මනුස්සයා ඉදිරියේ පෙනී ඉන්නවා. මනුස්සයා කොච්චර භය වෙනවාද කියන්නේ, හිසකෙස්වල පටන් සකල ශරීරය ම ගිතෙල් වගේ උණු වෙලා යනවා. එතකොට බලන්න, කොහොම භය කිරිල්ලක් කරනවා ද? ඔන්න බිල්ල ගත්තා. දැන් ඔය විදිහට දිනපතා එක එක්කෙනාට හිරගෙයින් නිදහස ලැබෙනවා. හිට්ලරුත් ඒ විදිහට තමයි එයාගේ වධකාගාර පැවැත්වුවේ. නිදහසේ සැපය විඳින්ට යන්න කිව්වා ඇතුළට. ඉන්දියාවත් ඒ හිට්ලර්ගේ යුගයට වෙනස් නෑ. හින්දු ආගමත් ඊට වෙනස් නෑ.

බන්ධනාගාරය හිස් වුනා....

ඉතින් මේ ආලවක යක්ෂයා තනියම කනබොන කෙනෙක් නෙවෙයි. යක්ෂයාගේ භූත සේනාව කෝටි ගාණක්. මේ විස්තරේ කියවද්දි පින්වත්නි, පුදුම හිතෙනවා. බුදු කෙනෙකුට මිසක් වෙන කෙනෙකුට නම් දමනය කරන්න බෑ ඒ යක්ෂයාව. දැන් ඔන්න හිමින් හිමින් මේ කසු කුසුව අලව් රටේ පැතිරුණා. මොකද්ද ඒ, "රජ්ජුරුවෝ අසවල් නුග රුකේ ඉන්න දේවතාවුන්නාන්සේට භාරයක් වෙලා තියෙනවා හැමදාම මිනිස් බිල්ල ගාණේ දෙන්ට. ඒකට හිර ගෙදරට යන එවුන්ව තමයි තෝර ගන්නේ. යම් කෙනෙකුගේ අතින් හොරකම්, මිනීමැරුම් ආදිය සිද්ධ වෙලා හිර ගෙදරට ගියොත් එයාට ආයෙ පිටතට ඒම බොරු. එයා අනිවාරයෙන් ම යකාගේ බිල්ලට යනවා" කියලා. මේක ආරංචි වුනාම අලව් රටේ හොරකම්

නැවතුණා. මිනී මැරුම් නැවතුණා. දැන් ඇතුලේ ඉන්න ටික බිල්ලට යනවා. අලුතින් එන්නේ නෑ. ටික ටික බන්ධනාගාරය හිස් වේගෙන ගියා.

හොරෙක් පේන තෙක් මානෙක නෑ....

ඊටපස්සේ නගරාරක්ෂකයා රජ්ජුරුවන්ට ගිහින් කිව්වා "මහරජ, හරි වැඩේනෙ. බන්ධනාගාරය හිස් වේගෙන යනවා. දැන් ඔක්කොම බිල්ලට යවලා තියෙන්නේ. මිනිස්සු දැන් අපරාධ කරන එකත් නවත්තලා තියෙන්නේ. ඒ නිසා අලුතින් බන්ධනාගාරෙට කවුරුත් එන්නෙත් නෑ" කියලා. එතකොට රජ්ජුරුවෝ කිව්වා "එහෙනම් ඔය රත්තරන්, මුතු මැණික් ආදිය පාරෙ හලාපං. ඊට පස්සෙ හැංගිලා ඉඳලා, ගන්නකොට ම අල්ලපං" කිව්වා. ඔන්න දැන් රත්තරන්, මුතු මැණික් පාරෙ හැලුවා. පයින්වත් ස්පර්ශ කරන්න කෙනෙක් නෑ. කවුරුවත් ඒවා ගන්නෙ නෑ.

ඊට පස්සේ රජ්ජුරුවන්ට ගිහින් කිව්වා "රජතුමනි, හොරෙක් පේන තෙක් මානෙක නෑ" කියලා. අනේ අපේ රටටත් එහෙම යකෙක් පහළ වෙනවා නම් කොච්චර හොඳ ද නේද? එතකොට ඔය 'හොරු හොරු' කියලා කණ්ඩායම් බෙදිලා බැන ගන්න ඔක්කොම පෝලිමට යවන්න පුළුවන්.

පොඩි දරුවන් බිල්ලට....

ඉතින් ඒ උපායත් වැරදුනාට පස්සේ නගරාරක්ෂකයා රජ්ජුරුවන්ට කිව්වා "රජතුමනි, දැන් අපි එහෙනම් මෙහෙම කරමු. වයසට පලච්ච අය එක්කෙනා එක්කෙනා බත් තලියක් දීලා පිටත් කරමු"

කියලා. එතකොට රජ්ජුරුවෝ කිව්වා "හාපෝ... එහෙම කරන්න බෑ. එහෙම කළොත් මිනිස්සු කෝලාහල කරලා, අරගල හදාවි 'අපේ දෙමව්පියන්ව යකුන්ට භක්ෂණය කරන්ට යවනවා' කියලා. ඒ නිසා අපි මෙහෙම කරමු. ඔය වයසක උන්දැලා බිලිදෙන්ට ඕනෙ නෑ. අපි පුංචි එවුන් යවමු. පොඩි දරුවෝ නම් පස්සේ වුනත් ආපහු හදාගන්ට ඇහැකි නොවැ" කියලා.

ඊට පස්සේ ඔන්න එක මනුස්සයෙක් අතේ හැමදාම පොඩි දරුවෙකුයි බත් තලියකුයි යවනවා. ඒ මනුස්සයා ගිහිල්ලා නුගරුක් සෙවණෙන් පිට ඉඳගෙන "දේවතාවුන්නාන්ස, මෙන්න පූජාව ගෙනාවෝ" කියලා කෑ ගහනවා. කෑ ගහලා නුගරුක් සෙවණෙන් දරුවවයි බත් තලියයි තියලා පිටට පනිනවා. ඊට පස්සේ ආලවක යකා ඒ පොඩි ළමයින්ගේ ඉස්ම බොන්න පුරුදු වුණා. මිනිස්සුන්ට මේකත් ආරංචි වුණා. එතකොට බඩදරු අම්මලයි, පුංචි අතදරුවෝ ඉන්න අම්මලයි ඔක්කොම පවුල් පිටින් ජනපදය අතෑරලා ගියා.

අග තනතුරු ලබන්ට පින් ඇති කුමරෙක්....

ඊට පස්සේ රාජ සේවකයෝ මුළු අලව් නගරෙම පීරලා හොයනවා පුංචි දරුවෙක්. හොයාගන්ට නෑ. රජ්ජුරුවන්ට ගිහිල්ලා කිව්වා "මහරජ්ජුරුවන් වහන්ස, හරි වැඩේනෙ. හෙට පූජාවට කොලු පැටියෙක් හොයාගන්ට නෑනෙ" කියලා. අන්තඃපුරේවත් නැද්ද කියලා ඇහුවා. "අන්තඃපුරේ නම් ඉන්නවා ඔබවහන්සේගේ අගබිසොවුන් වහන්සේට හම්බවුණ පුංචි දරුපැටියෙක්. ඒ තමයි අලව් කුමාරයා." "මගේ පුතා මට ප්‍රියයි තමා. නමුත් කරන්ට දෙයක් නෑ. මගේ ජීවිතය ඊට වඩා වටිනවා නොවැ. ඒ

නිසා ළමයාව දීලා මගේ ජීවිතේ බේරාපන්.... නැත්නම් අර යකා මාව බිල්ලට ගනීවි" කිව්වා.

ඒ අලව් කුමාරයා වෙලා උපන්නේ කල්ප ලක්ෂයක් පෙරුම් පිරූ උත්තමයෙක්. කල්ප ලක්ෂයකට කලින් එක බුද්ධ ශාසනයක සතර සංග්‍රහ වස්තුවෙන් පිරිසට අනුග්‍රහ කරන අය අතර අග්‍රයි කියලා එක්තරා උපාසකයෙකුට අග තනතුරු දෙනවා දැකලා මෙයාගේ හිතෙත් ප්‍රාර්ථනාවක් ආවා මමත් මේ වගේ තනතුරක් ලබා ගන්න ඕනෙ කියලා. ඒ වෙනුවෙන් කල්ප ලක්ෂයක් පෙරුම් පිරුවා. එතකොට තමන්ගේ ගුණ සම්පත් මෝරන්ට කොච්චර කල් ගියා ද? කල්ප ලක්ෂයක්. දෙවියන් අතර ඉඳලා මේ ආත්මේ අලව් රජ්ජුරුවන්ගේ බිසොවුන් වහන්සේගේ කුසේ උපන්නා. මේ කුමාරයා මේ ආත්මේ අනිවාර්යයෙන් ම මගඵල ලබන කෙනෙක්. අනිවාර්යයෙන් ම අපේ බුදුරජාණන් වහන්සේගෙන් අග්‍ර ස්ථානාන්තර ලබන කෙනෙක්.

පින් ඇති කෙනා බුදු නෙතට පෙනේ....

ඒ නිසා බුදුරජාණන් වහන්සේ මහාකරුණා සමාපත්තියෙන් ලෝකය දිහා බලද්දී අලව් කුමාරයාගේ පින් බලයෙන් බුදුරජාණන් වහන්සේගේ දිව්‍ය නේත්‍රයට අලව් කුමාරයාව පෙන්නුම් කළා. ඒ කියන්නේ බුදුරජාණන් වහන්සේ පිහිට වෙන්න කෙනෙක් හොය හොයා යනවා නෙවෙයි. උන්වහන්සේ මහා කරුණා සමාපත්තියට සමවැදිලා අද මගෙන් පිහිට උපකාර ලබන කෙනා කවුද කියලා බලනකොට ඒ කෙනාගේ පිනෙන් පෙන්නුම් කරනවා. ඉතින් ඒ විදිහට එදා අලව් කුමාරයාව පෙන්නුම් කළා.

බුදුරජාණන් වහන්සේ දැක්කා මේ කෙනා කල්ප ලක්ෂයක් තිස්සේ පෙරුම් පිරූ කෙනෙක්. මේ ආත්මේ අනිවාර්යයෙන් ම අනාගාමී ඵලයට පත් වෙනවා. මේ ආත්මේ අනිවාර්යයෙන් ම අග තනතුරු ලබනවා සතර සංග්‍රහ වස්තුවෙන් පිරිසට අනුග්‍රහ කරන උපාසක හැටියට. එබඳු කෙනා තමයි දැන් මේ බිල්ලට යන්න හදන්නේ. හැබැයි ශාස්තෲන් වහන්සේ ඉන්නවා බේරගන්න. ඔන්න එදා උදේ බිසොවුන් වහන්සේ අලව් කුමාරයාව නාවලා, සිනිඳු වස්ත්‍ර අන්දවලා, ඔඩොක්කුවේ තියාගෙන ඉන්නකොට 'මේක රාජ අණයි' කියලා රාජපුරුෂයෝ ඇවිල්ලා ළමයව ගත්තා. බිසොවුන් වහන්සේ ඇතුලු පිරිස වැලපෙන්න ගත්තා.

යකාත් පින්වන්තයෙක්....

ඊට කලින් දවසේ සවස් යාමයේ බුදුරජාණන් වහන්සේ මහාකරුණා සමාපත්තියෙන් දැක්කා හෙට මේ සිද්ධිය වෙන බව. මේ අලව් කුමාරයා අනාගාමී ඵලයට පත්වෙන්ට උපනිශ්‍රය තියෙන කෙනෙක්. ඊට පස්සේ බුදුරජාණන් වහන්සේ බැලුවා මෙතෙක් කල් මනුස්සයන්ව බිල්ලට ගත්තු යකාගේ ස්වභාවය මොකක්ද කියලා. යක්ෂයාගේ හිතෙත් පිහිටලා තියෙනවා යෝනිසෝ මනසිකාර හැකියාව. යෝනිසෝ මනසිකාර හැකියාව යකාට පිහිටලා තියෙනවා නම් බණ පදය ඇහෙනකොට යකා අවබෝධ කරනවා. බුදුරජාණන් වහන්සේ දැක්කා එහෙනම් මේ යකාටත් පිනක් තියෙනවා. පිනටනෙ යෝනිසෝ මනසිකාරය ඇති වෙන්නේ. ඒ වගේම බුදුරජාණන් වහන්සේ දැක්කා ලොකු පිරිසක් මේකෙන් ධර්මාවබෝධය ඇති කරගන්නවා.

අලව් භවනේ මුරකරු....

හෙට තමයි අලව් යකා අලව් කුමාරයාව බිල්ලට ගන්න දවස. අද රාත්‍රියේ බුදුරජාණන් වහන්සේ අර නුග රුක ළඟට වඩිනවා. නුග රුක ළඟ තියෙනවා අලව් යකාට පහළ වෙච්ච තුන් යොදුනක් උස, රත්තරන්වලින් කරපු මැණික් ආසනයක් තියෙන විශාල විමානයක්. මේ යක්ෂ විමානය අලව් යකාට පේනවා, අනිත් යකුන්ට පේනවා, මනුස්සයන්ට පෙන්නෙ නෑ. බුදුරජාණන් වහන්සේට පේනවා. ඉතින් බුදුරජාණන් වහන්සේ අලව් යකාගේ භවන ඉස්සරහට වැඩම කළා.

එතන මුරකාරයෙක් ඉන්නවා. ඒ මුරකාරයාගේ නම ගද්‍රභ. ඒකාත් යකෙක්. ගද්‍රභ ඇහුවා "අෑ භාග්‍යවතුන් වහන්ස... මොකෝ මේ අවේලාවෙ මෙහෙ වැඩියේ?" කියලා. බුදුරජාණන් වහන්සේ වදාළා "ගද්‍රභ, ඔහේට බරක් නැත්නම් මට මේ ආලවක භවනේ අද රාත්‍රිය ගතකරන්ට දෙන්න" කියලා.

රත්වෙච්ච භාජනයක් වගේ....

එතකොට ගද්‍රභ කියනවා "හාපෝ... භාග්‍යවතුන් වහන්ස, මේකට ඇතුළු වෙන්ට හිතන්ටවත් එපා. අනේ භාග්‍යවතුන් වහන්ස, ඔය අලව් යකා මහා බිහිසුණුයි. මහා දරුණුයි. මව්පියන්ටවත් ගරු සැලකිලි දක්වන්නෙ නෑ. ඒ නිසා ඔබවහන්සේ මේකෙ වාසය කරන්ට නම් කැමති වෙන්ට එපා ඕං..." කිව්වා. එතකොට බුදුරජාණන් වහන්සේ වදාළා "ගද්‍රභ, ඒ ඒකාගෙ හැටි නොවැ. ඒකට කාරියක් නෑ. ඒකෙන් මට කරදරයක් වෙන්නෙ නෑ. ඔහේට බරක් නැත්නම් මං ඉන්නම්" කිව්වා.

දෙවෙනි වතාවටත් ගද්‍රභ කිව්වා "අනේ භාග්‍යවතුන් වහන්ස, ඔය අලව් යකා කියන්නේ ගින්නෙන් රත් වෙච්ච භාජනයක් වගේ, ළං වෙන්ට බෑ. අලව් යකා ගාවට කවුරුහරි ළං වුණොත් ඒ කෙනාගේ හිත විකල් කරනවා. හදවත පලා දානවා. දෙපයින් අල්ලලා මුහුදෙන් එතෙරට වීසි කරන්ට හපන්කොම තියෙනවා. දෙපයින් අල්ලලා පරසක්වල ගහනවා. ඒ නිසා තමුන්නාන්සේ මේකෙ ඇතුළට වඩින්ට නං එපා" කිව්වා.

අලව් යකාගේ ආසනේ වැඩසිටියා....

ගද්‍රභ කියන යක්ෂ මුරකාරයා මෙහෙම කියද්දී බුදුරජාණන් වහන්සේ "නෑ... ගද්‍රභ, ඒකෙ ප්‍රශ්නයක් නෑ. මං අද මෙහෙ ඉන්නම්කෝ" කියලා ආයෙත් කිව්වා. එතකොට ගද්‍රභ කියනවා "භාග්‍යවතුන් වහන්ස, මාත් කරදරේ වැටෙනවා තමුන්නාන්සේ කරන මේ වැඩෙන්. මටත් අච්චු දේවි" කියලා. "නෑ... උඹට අච්චු දෙන එකක් නෑ. එහෙනම් උඹ ම ගිහිල්ලා අලව් යකාට දැනුම් දීපං භාග්‍යවතුන් වහන්සේ විමානෙට ඇවිල්ලා ඉන්නවා ය කියලා." "එහෙනම් ස්වාමීනී, මං ගිහිල්ලා දැනුම් දෙන්නම්. ඔබවහන්සේ ම මේක බලාගන්ට" කියලා භවනේ දොර ඇරියා.

ඊට පස්සේ බුදුරජාණන් වහන්සේ ඇතුළට වැඩලා අලව් යකා වාඩිවෙන වටිනා මැණික් ආසනයේ වැඩසිටියා. වැඩඉන්නකොට බුදුරජාණන් වහන්සේගේ ශරීරයෙන් රැස් විහිදිලා මුළු භවන ම ආලෝකමත් වුණා. අලව් යකාගේ අන්තඃපුරේ ඉන්නවා යකින්නියෝ. යකින්නියෝ ටික "මේං වරෙල්ලා... ඉරක් සඳක් පහළ වෙලා ඇතුළේ...." කියලා දුවගෙන ආවා. ආවාම දැක්කා භාග්‍යවතුන්

වහන්සේ ආසනයේ වැඩඉන්නවා. යකින්නියෝ පැහැදිලා වැඳගෙන බිමින් වාඩිවුනා. එතකොට බුදුරජාණන් වහන්සේ අහනවා "උඹලා බොහොම සැපෙන් ඉන්නවා නේද?" "එහෙමයි ස්වාමීනී" කිව්වා. "උඹලා ඔය සැපසේ වාසය කරන්නේ යක්ෂ ඉර්ධියෙන්. උඹලාට ඔය යක්ෂ ඉර්ධිය ලැබුනෙ සංසාරෙ පින් බලයකින්. ඒ නිසා උඹලා මේක වරද්දගන්ට එපා" කියලා අර යකින්නියන්ට බණ කියන්න පටන් ගත්තා.

හිමවත් පව්වේ යක්ෂ සමාගම....

ඔය අතරේ ගද්‍රභ පිටත් වුණා අලව් යකාට පණිවිඩේ දෙන්න. හිමාල පර්වතයේ තමයි තිබුණේ යකුන්නේ රැස්වීම. ගද්‍රභ ගිහිල්ලා අලව් යකා ළඟට කිට්ටු වෙලා කනට කරලා කිව්වා "තමුන්නාන්සේ දන්නවා ද... ආං තමුන්නාන්සේගේ විමානයට භාග්‍යවතුන් වහන්සේ වැඩලා. ආං වාඩි වෙලා ඉන්නවා මැණික් පුටුවේ" කිව්වා. ඒක අහලා යකාට ලැජ්ජා හිතුණා. ඇයි මේ වගේ බලසම්පන්න කෙනෙක්ගේ ආසනයේ අනවසරයෙන් ඇවිල්ලා වාඩිවෙන්ට පුළුවනැයි. 'කටවහගෙන හිටු තෝ. ආයෙ තෝ මේ පිරිස මැද්දෙ ඇහෙන්ට ඕක කියන්නෑ ඕං' කිව්වා. ඒ මොකද හේතුව, කාටවත් ඇහුණොත් යකාට විලිලැජ්ජාව, මෙච්චර බලසම්පන්න යකාගේ විමානෙට කොහොමද භාග්‍යවතුන් වහන්සේ වැඩියේ කියලා.

සාතාගිරි හේමවත යකුන් බුදුරජුන් හමුවට....

ඔය අතරේ තව සිද්ධියක් වුනා. සාතාගිරි හේමවත කියලා තවත් යක්ෂයෝ දෙන්නෙක් හිටියා. ඒ දෙන්නා යක්ෂ පිරිසත් පිරිවරාගෙන යානාවල නැගිලා 'භාග්‍යවතුන්

වහන්සේට වන්දනා කරලම අපි යකුන්නේ රැස්වීමට යමු' කියලා හිතාගෙන ජේතවනාරාමෙට යන්ට පිටත් වුණා. ඒ අතරමග තමයි ඔය අලව් නගරය තියෙන්නෙ. යකුන්නේ අහස් ගමන් මාර්ගය යකුන්ට හිතුමනාපෙට යන්ට බෑ. එක මාර්ගයකින් යන්ට තියෙන්නේ. අලව් යකාගේ භවනට උඩින් තමයි ඒ මාර්ගය තියෙන්නෙ. ඒ වෙලාවෙ අලව් භවනේ භාග්‍යවතුන් වහන්සේ වැඩ ඉන්න නිසා අර සාතාගිරි හේමවත යක්ෂයෝ යානාවල නැගිලා උඩින් යද්දි අලව් භවන උඩින් යා ගන්ට බැරිව ගියා. අහස උඩට දාපු ගලක් බිම වැටෙන්නැහේ අර යානා දෙක බිමට පාත් වුණා.

යකුන්ගෙන් ප්‍රශංසා....

එතකොට සාතාගිරි හේමවත දෙන්නා මේ මොකක්ද මේ වුණේ කියලා යක්ෂ ඉර්ධියෙන් අලව් භවන දිහා බැලුවා. බැලින්නම් භාග්‍යවතුන් වහන්සේ වැඩ ඉන්නවා නොවැ. ඊට පස්සේ යක්ෂ පිරිසත් එක්ක ගිහිල්ලා භාග්‍යවතුන් වහන්සේව බැහැදැකලා, වන්දනා කරලා කරුණු තුනකින් ප්‍රශංසා කළා. බලන්ට, ඒ කාලේ යකුන් පවා මේ විදිහට භාග්‍යවතුන් වහන්සේට ප්‍රශංසා කළා. **(සම්මා සම්බුද්ධෝ වත භගවා)** භාග්‍යවතුන් වහන්සේ ඒකාන්තයෙන් සම්මා සම්බුද්ධයි. **(ස්වාක්ඛාතෝ භගවතා ධම්මෝ)** භාග්‍යවතුන් වහන්සේ විසින් මනාකොට වදාරණ ලද ධර්මය ඇත්තේ ය. **(සුපටිපන්නෝ භගවතෝ සාවකසංඝෝ)** භාග්‍යවතුන් වහන්සේගේ ශ්‍රාවක සඟරුවන මනා පිළිවෙතින් යුක්තයි කියලා තුන් කරුණකින් ප්‍රශංසා කර කර සාතාගිරි හේමවත දෙන්නා භාග්‍යවතුන් වහන්සේට වන්දනා කළා. බලන්ට, යකුන් වැඳපු විදිහ.

අලව් යකා කෝපයට පත්වුනා....

වන්දනා කරලා "ස්වාමීනී, අපි මේ යකුන්නේ රැස්වීමට යන ගමන්. එහෙනම් අපි පිටත් වෙන්නම්" කියලා පිටත් වුණා. දැන් ඔන්න සාතාගිරි හේමවත දෙන්නා හිනාවේගෙන ගියා හෝල් එකට. ගියාම අලව් යකා "හා හා... බොහොම අගෙයි. උඹලත් ආවා එහෙනං... වරෙන් වරෙන්. වාඩි වෙයං" කිව්වා. කිව්වාම සාතාගිරි හේමවත දෙන්නා සභාව මැද්දෙම "වාඩි වෙයං නෙමෙයි. ආං ඔහෙට මාර වාසනාව" කිව්වා. මොකක්ද වාසනාව කියලා ඇහුවා.

"ආං භාග්‍යවත් අරහත් සම්මා සම්බුදුරජාණන් වහන්සේ උඹේ භවනේ මැණික් පුටුවේ වාඩිවෙලා ඉන්නවා. අපිත් වන්දනා කොරගෙනයි මේ ආවේ" කිව්වා. අලව් යකා හංගාගෙන හිටපු එක එළිවුණා. ඊට පස්සෙ කිව්වා "ආලවක, උඹත් ගොහින් භාග්‍යවතුන් වහන්සේව ආස්සරේ කොරාපං. ඒක උඹට බොහෝ කල් සැපය පිණිස පවතීවි" කිව්වා. එහෙම කියනකොට ම අලව් යකා බිම බලාගෙන දත්කුරු කන්ට පටන් ගත්තා.

එසේ මෙසේ කෙනෙක් නොවෙයි....

මේ අලව් යකා සීලාදී ගුණයක පිහිටපු එකෙක් නෙවෙයි. ශ්‍රද්ධාවක පිහිටපු එකෙක් නෙවෙයි. බුද්ධ දේශනාවෙ තියෙනවනෙ "ශ්‍රද්ධා රහිත කෙනාට ශ්‍රද්ධා කතාව අල්ලන්නෙ නෑ. දුස්සීලයත් එක්ක සීල කතාව කරලා වැඩක් නෑ. කුණු ලෝභයෙක් එක්ක දානෙ ගැන කතා කරලා වැඩක් නෑ. දහම් දැනුමක් නැති මොට්ට මනුස්සයෙක් එක්ක දහම් කතාව වැඩක් නෑ" කියලා.

ඒ වගේ අලව් යකාටත් මේ කතාව ඇල්ලුවේ නෑ. ගිනි ගත්තු භාජනේකට ලුණු දැම්මා වගේ කෝපයෙන් ගැහි ගැහී කියනවා **(කෝ සෝ භගවා නාම?)** 'කවුද ඔය භාග්‍යවතුන් වහන්සේ කියන්නේ? එයා කොහොමෙයි මගේ අවසරයකින් තොරව මගේ භවනට රිංගං ඉන්නෙ?' කියලා.

දෙව් බඹුන්ගේ ඇරයුමෙන් මනුලොවට ආපු උත්තමයෙක්....

එහෙම කියවෙච්ච ගමන් සාතාගිරි හේමවත කියනවා "ආලවක, මේ අහපං. උඹ මේ ශාස්තෲන් වහන්සේව හඳුනන්නෙ නැතිකොම ඔය තියෙන්නෙ. අපේ ශාස්තෲන් වහන්සේ මනුස්ස ලෝකෙට වැඩියේ උඹලා අපි වගේ මස් ලේ කන්ට නෙවෙයි. සාරාසංඛෙය්‍ය කල්ප ලක්ෂයක් පෙරුම් පුරලා තුසිත භවනේ වැඩ ඉන්දෙද්දී දසදහසක් සක්වල දෙවිවරු ගොහින් උන්නාන්සේට ආරාධනා කොළා මනුස්ස ලෝකයේ උපදින්ට කියලා. එහෙමයි මනුස්ස ලෝකෙට වැඩියේ...." කියලා බුදුරජාණන් වහන්සේ ගැන විස්තර කළා.

විස්තර කරලා ඇහුවා "ඇයි උඹ දැක්කෙ නැද්ද උන්වහන්සේ බුදු වෙච්ච වෙලාවේ හැම තැනම මහා අසිරියක් පහළ වුණේ. දම්සක් පැවතුම් සූත්‍රය වදාළ වෙලාවේ මහා ආශ්චර්ය දේවල් පහළ වුණේ. උඹ දැක්කෙ නැද්ද?" එතකොට යකා ගස්සලා කිව්වා "මං දැක්කෙ නෑ" කියලා. අලව් යකා දැක්කා ඒ ඔක්කොම. නමුත් හිතේ තරහට කිව්වා මං දැක්කෙ නෑ කියලා. ඊට පස්සෙ "උඹ ගිහින් ඒ බුදුරජාණන් වහන්සේව දැකලා සතුටු වෙයං" කිව්වා.

සිංහරාජයෙක් ළඟ ඉන්න හිවලෙක් වගේ....

එතකොට අලව් යකා කිව්වා "අනේ උඹලගෙ ශාස්තෘන් වහන්සේ මට මක් කොරන්ටද මයෙ භවනට රිංගුවා කියලා?" එතකොට මේ සාතාගිරි හේමවත කියනවා "ආලවක, එහෙම කියන්ට එපා. විශාල මොල්ලියක් තියෙන, මහා බලසම්පන්න වෘෂභ රාජයෙක් ළඟ තෝ නිකං අද උපන්න වහු පැටියෙක් වගේ. මහා හස්තිරාජයෙක් ළඟ තෝ නිකං එදා උපන්න ඇත් පැටියෙක් වගේ. කේශර විහිදාගෙන සිටින මහා කේශර සිංහ රාජයෙක් ළඟ උඹ හිවලෙක් වගේ. ඒ නිසා උඹ සෙල්ලම් දාන්ට යන්ට එපා. පුළුවන් නම් උඹ ගිහිල්ලා ඇහැක් එකක් කොරාපං" කිව්වා.

එතකොට අලව් යකාට මහා කෝපයක් හටගත්තා. ආසනයෙන් නැගිටලා වම් පාදය හයියෙන් තිබ්බා මනෝසීල කියන පර්වතේ උඩ. දකුණු පාදය තිබ්බා සැට යොදුන් උස කෙලාසකූට පර්වතය මුදුනේ. තියලා අලව් භවන දිහා බැලුවා. බලලා කෑ ගහලා කිව්වා "ඒයි මමයි ආලවක" කියලා. ආලවක යක්ෂයා 'ඒයි මමයි ආලවකයා' කියලා එදා ඒ කෑගහපු සද්දෙ මුළු ජම්බුද්වීපයට ම ඇහිලා තියෙනවා.

මුළු දඹදිවට ම ඇසුණු ශබ්ද හතරක්....

මේකෙ සඳහන් වෙනවා මුළු ජම්බුද්වීපයට ම ඇහෙන්න ශබ්ද හතරක් මේ ලෝකෙ වෙලා තියෙනවා. එකක් තමයි ධනංජය - කෝරව්‍ය කියන රජවරු සූදු සෙල්ලම් කරපු වෙලාවෙ පුණ්ණක කියන යක්ෂ සේනාධිපතියත් ආවා සූදු කෙළියට. ඇවිල්ලා අර ධනංජය

- කෝරව්‍ය කියන රජවරු දෙන්නව ම පරද්දවලා සුදුව දින්නා. දිනපු වෙලාවෙ පුණ්ණක යක්ෂ සේනාධිපතියා හයියෙන් අත්පුඩි ගහලා මං දිනුවා කියලා කෑගැහුවා. ඒ කෑ ගැහිල්ලයි අත්පොලසන් හඬයි සකල ජම්බුද්වීපයට ම ඇහිලා තියෙනවා.

ඊළඟට කාශ්‍යප බුදුරජාණන් වහන්සේගේ බුද්ධ ශාසනය පිරිහෙන කාලේ ආවා. සාමාන්‍යයෙන් පිරිහෙනකොට පිරිහෙන්නේ භික්ෂූන් විතරක් නෙවෙයි, භික්ෂුණීන් විතරකුත් නෙවෙයි. භික්ෂූනුත් පිරිහෙනවා, භික්ෂුණීනුත් පිරිහෙනවා, උපාසකවරුත් පිරිහෙනවා, උපාසිකාවොත් පිරිහෙනවා. හාමුදුරුවරු විතරක් පිරිහිලා උපාසක උපාසිකාවෝ හොඳට ඉන්නවා කියලා එකක් නෑ. ඒකුන් ඊට වඩා පිරිහෙනවා.

මේ කාලෙත් වැඩිපුර ඉන්නේ පාපී අය....

කාශ්‍යප බුද්ධ කාලේ ඒ සිව්වනක් පිරිස පිරිහෙනකොට සක් දෙවිඳු විස්කම් දෙව්පුතුට අඬගහලා කිව්වා මේකුන්ට පාඩමක් උගන්නාපං කියලා. කාටද පාඩමක් උගන්නන්න කිව්වේ? අර පාපභික්ෂු - පාපභික්ෂුණී - පාපී උපාසකවරු - පාපී උපාසිකාවෝ කියන සිව් පිරිසට. මේ කාලෙ ඉන්නෙත් වැඩිපුර පාපී අයනෙ. මේ කාලේ උපාසකලත් බහුතරය පාපී, උපාසිකාවොත් බහුතරය පාපී.

එතකොට විස්කම් දිව්‍ය පුත්‍රයා සුනඛයෙකුගේ වේශයෙන් ඇවිල්ලා දඹදිව් තලය මැද්දෙ ඉඳගෙන හයියෙන් කෑ ගහලා කිව්වා "තොපි ධර්මයට වරෙල්ලා... නැත්නම් මං තොපි ඔක්කොම කනවා" කියලා. ඒ කෑ ගහපු කෑ ගැහිල්ලට සිව්වනක් පිරිස කම්පා වෙලා ගිහින්

තියෙනවා. ඒ කෑගැසීම මුළු දඹදිව් තලයට ම ඇහිලා තියෙනවා. ඒක තමයි දෙවෙනි සද්දෙ.

කුස ප්‍රභාවතී පුවත....

තුන්වෙනි සද්දෙ තමයි, කුස ජාතකයේ ප්‍රභාවතී දේවීන්නාන්සේව ඉල්ලගෙන රජවරු හත්දෙනෙක් ඇවිල්ලා තියෙනවා කුස රාජධානිය ආක්‍රමණය කරන්ට. ඒ වෙලාවේ ප්‍රභාවතී දේවියට පිහිටක් නැතිව කුස රජ්ජුරුවන්ගෙන් තමයි පිහිට ඉල්ලලා තියෙන්නෙ. කුස රජ්ජුරුවෝ ප්‍රභාවතී දේවියව ඇතාගේ පිටේ නංවාගෙන අර සත් රජවරු ඉදිරියේ කෑ ගහලා කියලා තියෙනවා "උඹලා දැනගනිං. මමයි කුස රජ්ජු" කියලා. ඒ කෑගැහිල්ල මුළු ජම්බුද්වීපයට ම ඇහිලා තියෙනවා. ඊටපස්සේ ආලවක යක්ෂයා කෛලාසකූට පර්වතේ මුදුනේ ඉඳලා 'මමයි ආලවක යක්ෂයා' කියලා කෑ ගහපු කෑ ගැහිල්ල මුළු ජම්බුද්වීපය ම දෙදුරුම් කන්ට ඇහිලා තියෙනවා. ඒ තමයි මුළු ජම්බුද්වීපයට ම ඇහිච්ච ශබ්ද හතර.

සිවුරු කොණවත් සොළවන්ට බැරිවුනා....

ඉතින් ඒ අලව් යකා අලව් නගරෙ ඉඳලා යොදුන් තුන්දහසක් දුරින් තියෙන හිමාලෙ ඉඳගෙන තමයි ඒ කෑහුවේ. ඊට පස්සේ යකා කල්පනා කළා මං මෙතන ඉඳලාම මේ ශ්‍රමණයාව එලවනවා කියලා. එහෙම කල්පනා කරලා ඉස්සෙල්ලාම සුළි සුළඟක් එව්වා. පර්වතකූට සොලවාගෙන, ගස් ඇඹරීගෙන ආපු ඒ සුළිසුළඟට භාග්‍යවතුන් වහන්සේගේ සිවුරු කොණවත් සොලවන්ට බැරි වුණා. එවේලේ භාග්‍යවතුන් වහන්සේ අධිෂ්ඨානයක් කළා (**මා කස්සචි උපරෝධෝ හෝතූති අධිට්ඨාසි**) ආලවක

කරන්නා වූ මේ ප්‍රහාරවලින් කිසිකෙනෙකුට හිංසාවක් පීඩාවක් නොවේවා! කියලා. ඒ නිසා කොයිතරම් සැරෙන් සුළං හැමුවත් ඒකෙන් කිසිකෙනෙකුට අනතුරක් වුනේ නෑ.

මරන්නයි අදහස තිබුණේ....

ඊට පස්සේ ආලවක මොකද කළේ, මහා වැස්සක් එවන්න පටන් ගත්තා. දැන් දෙදුරුම් කන්න වහිනවා. මේ වැස්සෙන් මං මේ ශ්‍රමණයාව මරණවා කියලා තමයි එවලා තියෙන්නේ. ආලවකගේ අදහස තිබිලා තියෙන්නේ භාග්‍යවතුන් වහන්සේව මරන්ටයි. බලන්න, ඒ කාලේ ආලවක වගේ අයව බුදුරජාණන් වහන්සේ දමනය කරපු නිසා බේරුණා. මේ කාලෙ එහෙම යකෙක් ඉන්නවා නම් කවුද බේරන්නේ? එහෙම එක්කෙනෙක් තමයි ඔයා කාලි කියන්නෙත්. දැක්කද මිනිස්සු වැඳ වැඳ යන තාලේ? ඊට එහා දෙයක් කරන්ට බෑ. ඉතින් භාග්‍යවතුන් වහන්සේගේ ආනුභාවයෙන් එක වතුර බිංදුවකින් සිවුර තෙමන්ට අලව් යකාට බැරුව ගියා.

ගල් වරුසා මල් වරුසා වුනා....

ඊට පස්සේ මහා ගල් වරුසාවක් එව්වා. පර්වතවල ගල් ගැලවි ගැලවී ආවා. ඒ ගල් වරුසාවටත් බුදුරජාණන් වහන්සේට කිසීම හානියක් කරන්ට බැරි වුණා. ඊළඟට ආයුධ වරුසාවක් එව්වා. ඒ ආයුධ වරුසාව ඇවිල්ලා බුදුරජාණන් වහන්සේ ඉදිරියේ දිව්‍ය මල් වෙලා වැටෙන්න ගත්තා. බලන්න, අනුත්තරෝ පුරිසදම්ම සාරථී ගුණය කියන්නෙ කොහොම එකක් ද කියලා. ඊටපස්සේ අලව් යකා එරබදු මල් පැහැයට තියෙන ගිනි අඟුරු වර්ෂාවක්

එවන්න ගත්තා ආකාසෙන්. ඒ ගිනි අඟුරු වර්ෂාව ඇවිල්ලා බුදුරජාණන් වහන්සේ ඉදිරියේ දිව්‍ය මල් වෙලා වැටෙන්ට ගත්තා.

ඊට පස්සේ උණු අළු වරුසාවක් එව්වා. ගින්දර වගේ රත් වෙච්ච ඒ අළු බුදුරජාණන් වහන්සේ ළඟ සඳුන් කුඩු වෙලා වැටුණා. ඊටපස්සේ වැලි වරුසාවක් එව්වා. ඒ වැලි වරුසාවත් බුදුරජාණන් වහන්සේ ඉදිරියේ පුංචි මල් වෙලා වැටුණා. ඊට පස්සේ එව්වා මඩ වරුසාවක්. ඒකත් බුදුරජාණන් වහන්සේ ඉදිරියේ දිව්‍ය සුවඳ වෙලා වැටුණා. ලෝක ඉතිහාසයේ පින්වත්නි, මෙහෙම හාස්කම් දක්වපු වෙන කවුරුවත් ම නෑ.

අසිරිමත් ම ය සම්බුදු රජාණෝ....

ඊට පස්සේ ආලවක හිතුවා "නෑ... මං මේ ශ්‍රමණයාව අන්ධකාරය දැඩි කරලා මරලා දානවා" කියලා. හිතලා අංග හතරකින් යුක්ත අන්ධකාරයක් මැව්වා. කොහොමද ඒ, එදා දවසත් හඳ නැති අමාවක දවසක්. කට්ට කරුවලයි. අලව් යකා අන්ධකාර වලාකුළුවලින් පරිසරය වැහුවා. තවත් කළුවර වුනා. ඊළඟට ඝන වනාන්තරයකින් පරිසරය වැහුවා. තවත් කළුවර වුනා. තද කළුවරත් එකතු කළා. ඒකට කියනවා චතුරංග සමන්නාගත අන්ධකාරය කියලා. ඒ අන්ධකාරය බුදුරජාණන් වහන්සේ ළඟට එනකොට හිරු මඬල පෑව්වා වගේ ආලෝකමත් වුනා.

මේකට කියන්නේ නවවිධ වරුසාව කියලා. සුළිසුළඟින් - වැස්සෙන් - ගල්වලින් - ආයුධවලින් - ගිනි අඟුරුවලින් - ගිනි අළුවලින් - වැලිවලින් - මඩවලින් - අන්ධකාරයෙන් කියන මේ ආකාර

නවයෙන් ප්‍රහාර එල්ල කිරීම. බුදුරජාණන් වහන්සේ සම්බුද්ධත්වයට පත්වුන දවසේ බෝධි මූලයේ වැඩ ඉන්නකොට මාරයාත් මේ නවවිධ වරුසාව එව්වා. ඒ විදිහට ම යි දැන් මේ ආලවක යක්ෂයාත් නවවිධ වරුසාව එව්වේ. මේ නවවිධ වර්ෂාවට මුහුණ දෙන්ට පුළුවන් බුදුකෙනෙක්ට විතරයි.

අවසාන ප්‍රයත්නය....

ඊළඟට කරගන්ට දෙයක් නැති තැන තමන්ගේ සේනාවට කිව්වා එක එක වෙස් දාලා භය කරපන් කියලා. සේනාව වට වෙලා, බෝධි මූලයේදී මාර සේනාව කළා වගේ නොයෙකුත් වෙස් අරගෙන භය කරන්න පටන් ගත්තා. රත් වෙච්ච ලෝහ ගුලියක් ළඟට මැස්සන්ට ළං වෙන්ට බෑ වගේ බුදුරජාණන් වහන්සේ ළඟට කාටවත් ළං වෙන්ට බැරිවුනා. වසඟ කරගන්ට බැරුව ගියා. කිසි දෙයක් කරගන්ට බැරුව ගියා. රෑ එළිවෙන්න කිට්ටු වෙනකල් මෙයා මේ වැඩේ කළා. බැරිම තැන මට දැන් එකම දෙයයි කරන්ට තියෙන්නේ කියලා හිතලා එයා තමන්ගේ අවසාන උපක්‍රමය පාවිච්චි කළා. ඒ තමයි දුස්සායුධය.

භයානක ආයුධ හතරක්....

මේ ලෝකයේ හතර දෙනෙක් ගාව තියෙනවා භයානක ආයුධ හතරක්. සක් දෙවිඳු ගාව තියෙනවා වජ්‍රායුධය කියලා දියමන්තිවලින් කරපු ආයුධයක්. යම් විදිහකින් සක් දෙවිඳු කෝපයට පත්වෙලා වජ්‍රායුධයෙන් සිනේරු පර්වතය මුදුනට ගැහුවොත් සිනේරු පර්වතය යොදුන් එක්ලක්ෂ හැටහතර දාහක් ඇතුළට විනිවිද

කිඳා බහිනවා ඒ වජ්‍රායුධය. දෙවෙනි එක වෛශ්‍රවණ දිව්‍යරාජයාගේ ගදායුධය. ගදායුධය කියන්නේ, ඔබ දැකලා ඇති ඔය හනුමාන්ගේ චිත්‍රවල එයාගේ අතේ තියෙනවා දිගට මිටක් තියෙන, කෙළවරේ රවුම් බෝලයක් වගේ එකක් තියෙන ආයුධයක්. ඒකට තමයි ගදායුධය කියන්නේ. ඒක වෛශ්‍රවණ දෙවියන්ගේ ආයුධය. මේකෙ තියෙනවා වෛශ්‍රවණ දෙවියෝ මගඵල ලබන්න කලින් පෘථග්ජන කාලේ, එක්තරා අවස්ථාවක කෝපයට පත් වෙලා ගදායුධයෙන් යක්ෂ සේනාවට ගහලා තියෙනවා. ගැහුවට පස්සේ යක්ෂ සේනාවේ දහස් ගාණකගේ බෙලි කඩාගෙන ගිහිල්ලා ගදායුධය ආයෙ තමන්ගේ අතට ඇවිල්ලා තියෙනවා.

බුදුපුදට ගරහන අන්ධබාල පෘථග්ජනයෝ....

ඊළඟට යම රජ්ජුරුවන්ට තියෙනවා නයනායුධය. නයනායුධය කියන්නේ යම රජ්ජුරුවන්ගේ ඇහේ බැල්ම. කෝපයට පත් වෙලා ඒ ඇහේ බැල්මෙන් බලනකොට ලක්ෂ ගාණක් කුම්භාණ්ඩයන්ගේ ඔළුව පුපුරනවා, ඇස් පුපුරනවා. හතරවෙනි එක ආලවකගේ දූස්සායුධය. දූස්සායුධය කියන්නෙ වස්ත්‍රයක්. ඒ වස්ත්‍රයෙන් අහසට ගැහුවොත් දොළොස් අවුරුද්දක් යනකම් වැස්ස නෑ. පොළොවට ගැහුවොත් දොළොස් අවුරුද්දක් යනකම් ගහක් කොළක් පැළවෙන්නෙ නෑ. මුහුදට ගැහුවොත් මුහුද වේලෙනවා.

අලව් යකා අන්තිමට ඒ වස්ත්‍රයෙන් භාග්‍යවතුන් වහන්සේට ගැහුවා. මේවායින් ඔබ තේරුම් ගන්න භාග්‍යවතුන් වහන්සේ කියලා කියන්නේ කවුද කියලා. බුදුරජාණන් වහන්සේ සිහි කරලා ලොකුවට වන්දනාවක්

කළොත්, කොඩියක් පැළැන්දුවොත්, පළතුරු ටිකක් පූජා කළොත් මේකට ගරහා ගරහා ඉන්න ඔලමොට්ටල ඇට්ටරයෝ ටිකක් දැන් අපේ රටේ ඉන්නවනෙ. බුදුරජාණන් වහන්සේ කියන්නේ කවුද කියලාවත් ඒකුන් දන්නේ නෑ. මහ ලොකුවට කියන්නෙ නම් අපිත් බෞද්ධ කියලා.

බලගතු ආයුධය පාපිස්සක් වුනා....

සාමාන්‍ය මනුස්සයෙකුට මෙච්චර ඕනෙ නෑ, පොඩි යකෙකුට, පෙරේතයෙකුට වුනත් භය වෙනවනෙ. මේ කාලේ එක පෙරේතියෙකුට පුළුවන් මිනිස්සුන්ව නටවන්න. දැන් අපේ රටේ ඉහළම නායකයාගෙ පටන් සියලු දෙනා දේවාල ගුබ්බෑයම් අස්සෙ රිංගන්නෙ නැද්ද පිහිට හොයාගෙන. ඉතින් මේ වගේ යකෙක් හිටියොත් ලෝකෙම නම්මගත හැකිනෙ. ආලවක යක්ෂයා අර දුස්සායුධයෙන් භාග්‍යවතුන් වහන්සේට පහර දුන්නාම ඒ දුස්සායුධය බුදුරජාණන් වහන්සේගේ සිරිපතුල් ළඟ පාපිස්සක් බවට පත්වුනා. උන්වහන්සේ ඒකෙන් සිරිපා පිසදැම්මා.

අලව් නුවර දෙවියන්ගෙන් පිරී ගියා....

දැන් ඉතින් තෙදබල හිඳිලා යකාට කරගන්ට දෙයක් ඇත්තෙම නෑ. මේ යකා භාග්‍යවතුන් වහන්සේත් එක්ක කරන යුද්දේ දස සහශ්‍රී ලෝක ධාතුවට ම ආරංචි වුණා. දස සහශ්‍රී ලෝක ධාතුවේ දෙවිවරු සියලු දෙනා භාග්‍යවතුන් වහන්සේව පිරිවරා ගත්තා "අපේ භාග්‍යවතුන් වහන්සේ අද ආලවක දමනය කරනවා. අනුත්තරෝ පුරිසදම්ම සාරථී වූ භාග්‍යවතුන් වහන්සේ ආලවකට

ධර්ම දේශනා කරනවා. අපිත් බණ අහන්ට ඕනෑ" කියලා. අලව් නුවර දෙවිවරුන්ගෙන් පිරී ගියා.

ඊට පස්සේ යකා කෑ ගැහුවා "මගේ අවසරයක් නැතුව කොහොමෙයි මගේ භවනට ඇවිල්ලා වාඩිවුණේ? ශ්‍රමණයන්ට ගැලපෙනවා ද ඕක? එළියට පලයන්" කිව්වා. එවේලේ තමයි **(නික්ඛම සමණ)** එළියට පලයං ශ්‍රමණය කියලා කිව්වෙ. බුදුරජාණන් වහන්සේ කල්පනා කළා 'මේ යකා බොහොම දරුණුයි. බොහොම තදයි. මං මේකට තවත් එකක් කළොත් බණ කියන්න පුළුවන් විදිහට මේකාව හදාගන්ට බැරුව යනවා. මං මේකාගේ හිත මොළොක් කරන්ට ඕනෑ' කියලා හිතලා **(සාධාවුසෝති භගවා නික්ඛමි)** හොඳයි ආවුසෝ කියලා ආසනයෙන් නැගිටලා එළියට වැඩියා.

යකාගේ හිත මොළොක් වුනා....

එළියට වඩිනකොට ම යකාට හිතුණා 'හප්පේ කොයිතරම් මොළොක් කෙනෙක් ද මේ? වචනයෙන් කියන්ට පුළුවන්කම තියෙද්දි නොවැ මං මුන්නාන්සේව එලවගන්ට මේ නවවිධ වරුසාවක් වස්සවලා, දූස්සායුධයෙන් ගහලා මහා ජරමර කොළේ. උන්නාන්සේ එහෙම කෙනෙක් නෙවෙයි නොවැ. මොනතරම් මොළොක් ද! යන්ට කියාපු ගමන් ගියා නොවැ' කියලා. ඕන්න යකාගේ හිත මොළොක් වුණා.

ඊට පස්සේ යකා කල්පනා කළා 'දැන් මේ ශ්‍රමණයා තරහ සිතින් ද ගියේ, මොළොක් සිතින් ද ගියේ කියලා බලන්ට ඕනෑ' කියලා හිතලා ආයෙ කිව්වා **(පවිස සමණ)** "ශ්‍රමණය, ඇතුළට වරෙන් ආපහු එහෙනං" කියලා.

බුදුරජාණන් වහන්සේ මොකද කළේ, "හොඳයි ඇවැත්නි" කියලා ආයෙත් ඇතුළට වැඩියා. 'මෙච්චර කීකරු ද මේ ශ්‍රමණයා! තව ටෙස්ට් කොරලා බලන්ට ඕනෑ' කියලා කල්පනා කරලා අලව් යකා ආයෙ කිව්වා බුදුරජාණන් වහන්සේට **(නික්ඛම සමණ)** ශ්‍රමණය, එළියට පලයං කියලා. එතකොට 'හොඳයි ඇවැත්නි' කියලා බුදුරජාණන් වහන්සේ ආපහු එළියට වැඩියා. ඔය විදිහට තුන් වතාවක් ම එළියට යවලා ආපහු ඇතුලට ගෙන්නා ගත්තා.

යකුන්ට පුළුවන් වැඩ....

එතකොට මේකා හිතුවා 'හරි... දැන් මං මේ ශ්‍රමණයාව හිරු නැගෙනකල්ම රස්තියාදු කරනවා' කියලා. එහෙම හිතලා හතරවෙනි වතාවටත් එළියට යන්න කියලා කිව්වාම බුදුරජාණන් වහන්සේ වදාළා "මං යන්නෙ නෑ. උඹට කැමති එකක් කරහං" කියලා. එතකොට අලව් යකා "එහෙනම් ශ්‍රමණය, මං දැන් ඔබෙන් ප්‍රශ්න අහනවා. හැබැයි ඒවාට උත්තර දෙන්ට බැරි වුණොත් මං ඔබව පිස්සු වට්ටනවා. එක්කෝ හදවත පලාදානවා. නැත්නම් කකුල්වලින් අල්ලලා ගඟෙන් එහා පැත්තට වීසිකරනවා" කිව්වා.

ඔන්න යක්කුන්ට කරන්න පුළුවන් ඒවා. මිනිස්සුන්ව පිස්සු වට්ටන්ට පුළුවන්, හදවත පලනවා කියන්නේ හාට් ඇටෑක් හදන්ට පුළුවන්. ඉතින් බුදුරජාණන් වහන්සේ වදාළා "යක්ෂය, මේ දෙවියන් බඹුන් මරුන් සහිත ලෝකයේ, ශ්‍රමණබ්‍රාහ්මණයන් සහිත ලෝකයේ කිසි කෙනෙකුට ඔය වැඩේ නම් කරන්ට බෑ. හැබැයි උඹ කැමති ඕනෑම ප්‍රශ්නයක් මගෙන් අසාපන්" කියලා කිව්වා.

බුදුරජුන්ගේ පැන විසඳුම....

මේ ප්‍රශ්න යක්කුන්ගේ පරම්පරාවෙන් ආපු ප්‍රශ්න. ඒ යක්ෂ පරම්පරාවේ හිටපු මුල් යක්කු කාශ්‍යප සම්මා සම්බුදුරජාණන් වහන්සේගෙන් අහපු ප්‍රශ්නවලට කාශ්‍යප සම්බුදුරජාණන් වහන්සේ උත්තර දුන්නා. ඊටපස්සේ යක්කු ඒක ඒකුන්ගේ සම්පත්තියක් හැටියට අරගෙන ආවා. කාලයක් ගියාම උත්තර ටික නැතුව ගියා. ප්‍රශ්න ටික ඉතුරු වුණා. තමන්ගේ පරම්පරාවේ හැමෝටම ඒ ප්‍රශ්න ටික ඉගැන්නුවා 'මේවා විශේෂ ප්‍රශ්න, මේ ප්‍රශ්නවලට ලේසි පුතෙකුට උත්තර දෙන්ට බෑ' කියලා. ඔන්න ඊට පස්සේ අලව් යකා ගාථාවලින් බුදුරජාණන් වහන්සේගෙන් ප්‍රශ්න අහන්ට පටන් ගත්තා.

ශ්‍රේෂ්ඨ ම ධනය....

පළවෙනි ප්‍රශ්නය; **(කිංසූධ විත්තං පුරිසස්ස සෙට්ඨං)** පුරුෂයා සතු ශ්‍රේෂ්ඨ ධනය කුමක්ද? මේ කාලේ නම් කියයි පුරුෂයා සතු ශ්‍රේෂ්ඨ ධනය උගත්කම කියලා. එක්කො කියයි අතේ කීයක් හරි තියෙන එක කියලා. නැත්නම් කියයි හොඳ රස්සාවක් තියෙන එක කියලා. නමුත් භාග්‍යවතුන් වහන්සේ උත්තර දුන්නේ **(සද්ධීධ විත්තං පුරිසස්ස සෙට්ඨං)** පුරුෂයා සතු ශ්‍රේෂ්ඨ ධනය ශ්‍රද්ධාව කියලයි.

හැබැයි වර්තමාන මනුස්සයා ඒ ධනයෙන් තොරයි. ශ්‍රද්ධාව නමැති ධනය ලබාදෙන්න අපි කොයිතරම් උත්සාහ කළත් මිනිස්සු ඒක ගන්නෙ නෑ. යන්තර මන්තර පස්සේ ම ගොහින්, අමනුස්සයන් ඇදහිල්ලේ ම ගොහින්, නැකැත් කේන්දර නිමිති බල බලා ගොහින් දිළිඳු බවින්

ම වාසය කරනවා. ඉහළ තලයේ පටන් පහළ දක්වා ම දිළිඳුයි. මනුෂ්‍යයාට තියෙන ශ්‍රේෂ්ඨ ධනය ශ්‍රද්ධාව. ශ්‍රද්ධාව තුළ තමයි සරණ පිහිටන්නේ.

සැප ලැබෙන්නේ ධර්මය පුරුදු කිරීමෙන්....

එක්තරා අවස්ථාවක බුදුරජාණන් වහන්සේ වදාළා "මහණෙනි, ශ්‍රද්ධාව කොතැන්හී දැක්ක යුතුද? **(චතූසු සෝතාපත්ති අංගේසු)** සෝවාන් පුද්ගලයා තුළ තියෙන අංග සතර තුළයි ශ්‍රද්ධාව පේන්නේ" කියලා වදාළා. ශ්‍රද්ධාව මනාකොට පිහිටියේ නැත්නම් දිළින්දෙක් ම යි. දෙවෙනියට ඇහුවා **(කිංසු සුචිණ්ණො සුඛමාවහාති)** කුමක් පුරුදු කළොත් ද සැප ලැබෙන්නේ? කියලා. මේ කාලෙ නම් කියයි හොඳට ඉංග්‍රීසි ඉගෙන ගත්තොත් කියලා. එහෙම නැත්නම් කියයි හොඳ ඩිග්‍රියක් ගහගත්තොත් කියලා. එහෙම නැත්නම් කියයි හොඳ කෝස් එකක් කළොත් හරි කියලා.

බුදුරජාණන් වහන්සේ වදාළා **(ධම්මො සුචිණ්ණො සුඛමාවහාති)** ධර්මය පුරුදු කිරීමෙන් සැප ලැබෙනවා කියලා. මේ කාලේ මිනිස්සු මරණින් මෙපිට ජීවිතේ ගැන විතරයි කල්පනා කරන්නේ. සංසාරය ගැන අපි කියන වෙලාවට විතරක් පොඩ්ඩක් අහගෙන ඉන්නවා, ඊට පස්සෙ මතක නෑ. පින්වත්නි, සංසාර ගමනක යන කෙනෙකුට මේ ආත්මෙදී කරන කියන දේ ඊළඟ ආත්මය පිළිබඳ තීරණාත්මක සාධකයක් බවට පත්වෙනවා. මේ ආත්මයේ ඔබ සාර්ථකව ජීවිතය ගෙව්වා ද කියලා හොයාගන්න පුළුවන් වෙන්නේ දැන් නෙවෙයි, ඊළඟ උපතින්.

මෙලොව තරම පරලොවින් පෙනේ....

දැන් ඕන විදිහකට 'මම මෙහෙමයි... අරයා මෙහෙමයි... අසවලා මෙහෙමයි...' කිය කිය ඉන්න පුළුවන්. හැබැයි මැරුණට පස්සේ උපදින තැනින් තමයි තමන් හිටපු තැන තීරණය වෙන්නේ. ඒ කිව්වේ ඊළඟ ආත්මේ දෙවියන් අතර නම් ඉන්නෙ ආපස්සට බලද්දි ගෙවූ මනුස්ස ජීවිතේ සාර්ථකයි. ඊළඟ ආත්මේ සතර අපායේ නම් ඉන්නේ මේ ආත්මේ ආර්ය උපවාද තොගයක් වෙලා, බොහෝ අකුසල් වෙලා. එයා යහපත් කෙනෙක් විදිහට වෙස් වලාගෙනයි ඉඳලා තියෙන්නේ. **(ධම්මෝ සුචිණ්ණෝ සුඛමාවහාති)** ධර්මය පුරුදු කළොත් සැප ලැබෙනවා. ධර්මය තමයි දාන - සීල - භාවනා ආදියෙන් යුක්ත වූ භාග්‍යවතුන් වහන්සේ වදාළ සත්පුරුෂ ගුණධර්ම.

නැණැති දිවියයි උතුම් වන්නේ....

ඊළඟට ඇහුවා **(කිංසු හවේ සාධුතරං රසානං)** සියලු රසයන්ට වඩා අග්‍ර රසය කුමක්ද? කියලා. බුදුරජාණන් වහන්සේ වදාළා **(සච්චං හවේ සාධුතරං රසානං)** සියලු රසයන්ට වඩා සත්‍ය රසය අග්‍රයි කියලා. සත්‍යය කියලා මෙතන කිව්වේ ඒකාන්ත සත්‍ය වූ අමා නිවන. අමා නිවන නමැති දුක්ඛ නිරෝධාර්ය සත්‍යය තරම් රසයෙන් යුතු වෙනත් රසයක් ලෝකයේ නෑ කිව්වා. ඊළඟට ඇහුවා **(කථං ජීවිං ජීවිතමාහු සෙට්ඨන්ති)** කවර ජීවිතයක් ගෙව්වාම ද ශ්‍රේෂ්ඨ ජීවිතය කියන්නේ? කියලා. **(පඤ්ඤා ජීවිං ජීවිතමාහු සෙට්ඨන්ති)** ප්‍රඥාවෙන් ගත කරපු ජීවිතේ තමයි ශ්‍රේෂ්ඨ ජීවිතේ කියන්නේ කියලා බුදුරජාණන් වහන්සේ පිළිතුරු දුන්නා.

කෙලෙස් සැඩ පහර තරණය කිරීම....

ඊට පස්සේ ආලවක අහනවා **(කථංසු තරතී ඕඝං)** මේ ඕඝය තරණය කරන්නේ කොහොමද? කියලා. ඕඝය කිව්වේ සැඩපහර. ඕඝ හතරක් තියෙනවනෙ. **කාම ඕඝ** - කාමය නමැති සැඩ පහර, **භව ඕඝ** - භවය නමැති සැඩ පහර. **දිට්ඨි ඕඝ** - දෘෂ්ටි නමැති සැඩ පහර. **අවිජ්ජා ඕඝ** - අවිද්‍යාව නමැති සැඩ පහර. දෘෂ්ටි නමැති සැඩ පහර ප්‍රහාණය වෙනවා සෝතාපන්න වීමෙන්. කාම ඕඝය කියන සැඩ පහර තුනී වෙනවා සකදාගාමී වීමෙන්. කාම ඕඝය සම්පූර්ණයෙන් ම ප්‍රහාණය වෙනවා අනාගාමී වීමෙන්. භව ඕඝ, අවිජ්ජා ඕඝ කියන සැඩ පහරවල් දෙක ප්‍රහාණය වෙනවා අරහත් ඵලයෙන්.

ඉතින් බුදුරජාණන් වහන්සේ පිළිතුරු දුන්නා **(සද්ධාය තරතී ඕඝං)** මේ ඕඝයන් තරණය කරන්නේ ශ්‍රද්ධාවෙන් කියලා. ඔන්න දැන් එක කට්ටියක් බුදුරජාණන් වහන්සේ ලංකාවේ උපන්නා කියනවා. තව කට්ටියක් අනිත්‍යය කියන්නෙ ඕක නෙවෙයි, අනිත්‍ය කියන්නෙ මේකයි.... පටිච්ච සමුප්පාදය ඕක නෙවෙයි, මේකයි... කියලා වැරදියට උගන්වනවා. තව කට්ටියක් වචනවලට එක එක අර්ථ කියනවා. පොකිරිස්සා කියන්නෙ පොකුරු වශයෙන් ඉරිසියා කරපු නිසා කියනවා. මේ ඔක්කොම ඒ ඒ අයගේ හිත්වල ඇතිවෙච්ච දෘෂ්ටි නෙවෙයි ද? අනිත් අයවත් ඒ දෘෂ්ටියේ ම බස්සනවා මිසක් දෘෂ්ටියෙන් එතෙර කරවන්නෙ නෑ. නමුත් බුද්ධ දේශනාවෙ තියෙන්නේ දෘෂ්ටියේ බස්සන එක නෙවෙයි, දෘෂ්ටියෙන් එතෙර කරවීම. ඒකට දෘෂ්ටිය පිරිසිදු වෙන්ට ම ඕනෑ. ඒ එතෙර කරවීම ආරම්භ වෙන්නේ ශ්‍රද්ධාවෙන්.

වීරියෙන් දුක ඉක්මවා යයි....

ඊට පස්සෙ ආලවක අහනවා **(කථංසු තරති අණ්ණවං)** අණ්ණවං කියන්නේ මුහුද, ජලනිධිය, සාගරය. මේ සසර සාගරයෙන් එතෙර වෙන්නේ කොහොමද? කියලා. බුදුරජාණන් වහන්සේගේ පිළිතුර වුනේ **(අප්පමාදේන අණ්ණවං)** සසර සාගරයෙන් එතෙර වෙන්නේ අප්‍රමාදයෙන් කියලයි. ශ්‍රද්ධාවෙන් සෝතාපන්න භාවයට පත්වෙච්ච කෙනා ඊට පස්සෙ අප්‍රමාද බවට ගරු කරන කෙනෙක්. එයා අප්‍රමාදීව වීරිය කරනවා. **(කථංසු දුක්ඛං අච්චේති)** මේ දුක ඉක්මවා යන්නේ කොහොමද? කියලා ඊළඟට ඇහුවා. **(විරියේන දුක්ඛං අච්චේති)** වීරියෙන් ම යි දුක ඉක්මවා යන්නේ. **(කථංසු පරිසුජ්ඣති)** ජීවිතය පිරිසිදු වෙන්නේ කොහොමද? කියලා ඇහුවා. **(පඤ්ඤාය පරිසුජ්ඣති)** ජීවිතය පිරිසිදු වෙන්නේ ප්‍රඥාවෙන් කියලා වදාළා.

අලව් යකා සෝවාන් වුනා....

මං ඔබට මුලින්ම කිව්වා මතකද, පුද්ගලයෙකුට දුර්ලභව පිහිටන යෝනිසෝ මනසිකාරය ආලවක යක්ෂයා තුළ තියෙන බව බුදුරජාණන් වහන්සේ දැක්කා කියලා. ඔන්න දැන් සද්ධර්ම ශ්‍රවණය ඇහෙනවා. ආලවකගේ හිතේ යෝනිසෝ මනසිකාරය වැඩ කරනවා. ආයෙ අමුතුවෙන් 'මං දැන් යෝනිසෝ මනසිකාරය ඇති කරගන්න ඕනෙ, මම දැන් යෝනිසෝ මනසිකාරයේ යෙදෙන්න ඕනෙ' කියලා එකක් නෑ. අපි කියමු හොඳට මෝරපු මලක් තියෙනවා. හිරු කිරණ ඒ මලට වැටෙනවා. එතකොට මලේ පෙති කල්පනා කරනවා ද 'දැන් හිරු කිරණ වැටෙනවා. දැන් මං පෙති දිග ඇරගන්ට ඕනෑ'

කියලා? නෑ. හිරු කිරණ වැටෙනකොට මලේ ස්වභාවය තමයි පෙති දිගඇරිල්ල. ඒ දෙක එකට සිද්ධ වෙන්නේ.

ඒ වගේ යෝනිසෝ මනසිකාරය තියෙන කෙනාගේ ස්වභාවය තමයි ධර්මය ඇහෙනකොට ඒකට අනුකූලව මනසිකාරයේ යෙදෙන එක. ආයෙ ඒක කෘතිමව ආරෝපණය කරගන්ට අවශ්‍ය නෑ. හරිම පුදුම සහගතයි පින්වත්නි, මේ දක්වා අහපු ප්‍රශ්නවලට බුදුරජාණන් වහන්සේ දීපු පිළිතුරුවලින් ආලවක සෝවාන් ඵලයට පත් වුණා. නවවිධ වර්ෂාවන් වස්සවලා, දුස්සායුධයෙන් දමලා ගහලා, මේ ශ්‍රමණයාව මරන්නෑදෑං කියලා ආපු යකා සෝවාන් වුණා.

තමන්ගේ හිතට ම තමන් මෝහනය වීම....

අපි දැන් මේ වැඳගෙන ධර්මය අහනවා, ලියනවා, කියවනවා. හැබැයි තවම මඬේ ම යි. මල පිපෙන්නෙ නෑ. ඇයි හේතුව, මලක් නෑ. මඩ විතරයි. මෝරාපු මලක් තියෙන්න එපැයි හිරු එනකොට පිපෙන්න. ඉවසාගෙන හිටිං කිව්වෙ ඒකනෙ පැලේ පැලවෙන කල්. අපි පැහැදිලිව කිව්වා මේ කාලේ මනුස්සයාට යෝනිසෝ මනසිකාරය නැතෙයි කිව්වාට කමක් නෑ කියලා. එච්චරට ම මනුස්සයාගේ හැකියාවක් නෑ.

ඊළඟට පැහැදිලිව ම තේරෙනවා දැන් ඔය එක එක භාවනා වැඩසටහන්වලට ගිහිල්ලා මගඵල ලැබුවා, ධ්‍යාන ලැබුවා කිය කිය ඔක්කොම වෙන්නෙ තමන්ගේ හිතට ම තමන් මෝහනය වීම. ඇත්ත මාර්ගඵල නම් ඔය අවුල් හටගන්නේ නෑ. ඕක මෝහනයක් ම යි. මෝහනයට පත් වුණාට පස්සේ ඉල්ලන දේ හිතෙන් මව මව පෙන්නා දෙනවා. ඒක යථාභූත ඤාණය නෙවෙයි.

ගුණධර්ම මත වැඩෙන ධර්ම මාර්ගය....

ඕන නම් බලන්න, භාවනා කරලා අධිෂ්ඨාන කරපු ගමන් ඒවා එනවා. ඒ මෝහනය. ධර්ම මාර්ගය අධිෂ්ඨාන කර කර ගන්න එකක් නෙවෙයි. ඒක ස්වාභාවිකව ගුණධර්මයන් එක්ක වැඩෙන එකක්. ස්වාභාවිකව ගුණධර්මයන් එක්ක වැඩෙන එක ගුණධර්ම මත ම තියෙන එකක්. අද කාලේ මිනිස්සුන්ට එහෙම ඉවසගෙන ගුණධර්ම පුරුදු කිරීමේ හැකියාවක් නෑ. මොකද හේතුව, සැක බහුලයි. සැක බහුල නිසා එහෙ මෙහෙ දුවනවා. දුවලා ඔන්න ආර්ය උපවාදත් කරගෙන අවසන් වෙලා, අනේ මේ හොඳට හිටිය මනුස්සයා මරණින් මත්තේ අපාගත වෙනවා.

පරලොවදී සෝක නොකර ඉන්නේ කොහොමද...?

ඉතින් ඔන්න දැන් ආලවක සෝතාපන්න ඵලයට පත් වුණානේ. ඊට පස්සේ ආලවක බුදුරජාණන් වහන්සේගෙන් තවත් ප්‍රශ්න කීපයක් අහනවා. (**කථංසු ලභතේ පඤ්ඤං**) ප්‍රඥාව ලබන්නේ කොහොමද? (**කථංසු වින්දතේ ධනං**) ධනය ලැබෙන්නේ කොහොමද? (**කථංසු කිත්තිං පප්පෝති**) කීර්තිය පැතිරෙන්නේ කොහොමද? (**කථං මිත්තානි ගන්ථති**) මිත්‍රයන් ලැබෙන්නේ කොහොමද? (**අස්මා ලෝකා පරං ලෝකං කථං පෙච්ච න සෝචති**) මෙලොවින් පරලොව ගියාට පස්සේ සෝක නොකර ඉන්නේ කොහොමද?

ඉතින් බුදුරජාණන් වහන්සේ වදාළා (**සද්දහානෝ අරහතං ධම්මං නිබ්බානපත්තියා**) නිවනට පමුණුවන

රහතුන්ගේ ධර්මය අදහාගෙන, **(සුස්සූසා ලභතේ පඤ්ඤං අප්පමත්තෝ විචක්ඛණෝ)** අප්‍රමාදීව විචක්ෂණව (නුවණින් යුක්තව) හොඳට සවන් දීලා අසාගෙන හිටියොත් ප්‍රඥාව වැඩෙනවා.

දන් දීමෙන් යහලුවන් ලැබෙනවා....

ඊළඟට **(පතිරූපකාරී ධුරවා)** පතිරූපකාරී කියලා කියන්නේ වුවමනා කටයුත්ත මනාකොට කිරීම. ඒ කියන්නේ, අපි කියමු ඔබ අෂ්ටාංග උපෝසථ සීලයේ සමාදන් වුණා කියලා. මනාකොට උපෝසථ සීලයේ පිහිටලා සිහියෙන් දවස ගෙව්වොත් අන්න පතිරූපකාරී. ධර්මය මනාකොට මෙනෙහි කරගෙන පුරුදු කරනවා නම් පතිරූපකාරී. ධුරවා කිව්වෙ ඒ පිළිබඳ වගකීම දරනවා කියන එකයි. **(උට්ඨාතා)** උට්ඨාන වීරියෙන් යුක්තයි. **(වින්දතේ ධනං)** ආන්න එහෙම කෙනා ධනය උපයනවා කිව්වා. **(සච්චේන කිත්තිං පප්පෝති)** සත්‍යයේ පිහිටා සිටීම නිසා කීර්තියට පත්වෙනවා. **(දදං මිත්තානි ගන්ථති)** පරිත්‍යාගය නිසා යාළුවො ඇතිවෙනවා.

සෝක නොකරන කරුණු සතර....

ඊට පස්සේ වදාළා **(යස්සේතේ චතුරෝ ධම්මා සද්ධස්ස සරමේසිනෝ)** "ගිහි ගෙදර වාසය කරන සැදැහැවත් කෙනෙකුට මේ කරුණු හතර තියෙනවා නම්; ඒ තමයි **(සච්චං)** සත්‍යය - **(ධම්මෝ)** ධර්මය - **(ධිති)** වීරියෙන් යුතු ප්‍රඥාව - **(චාගෝ)** ත්‍යාගය **(ස වේ පෙච්ච න සෝචති)** ඔහු කවදාවත් පරලොවදි සෝක කරන්නෙ නෑ" කිව්වා. එහෙනම් පරලොවදී සෝක නොකරන්ට අපි ළඟ තියෙන්න ඕනෙ කරුණු හතරක්. පළවෙනි

එක තමයි සත්‍යය. බොරුව නෙවෙයි. ඊළඟට තමන් ළඟ තියෙන්න ඕනෙ ධර්මය. ඊළඟට තියෙන්න ඕනෙ වීරියෙන් යුතු නුවණ. ඒ වගේම තමන් ළඟ තියෙන්න ඕනෙ අත්හැරීම, ත්‍යාගය. මේ හතර තියෙනවා නම් එබඳු එක්කෙනා මෙලොවින් පරලොවට ගියාට පස්සෙ සෝක කරන්නෙ නෑ කියනවා.

අනිත් අයගෙනුත් අසා බලන්න....

අවසාන වශයෙන් බුදුරජාණන් වහන්සේ වදාළා **(ඉංඝ අඤ්ඤේපි පුච්ඡස්සු පුථු සමණබ්‍රාහ්මණේ)** "ආලවක, ඔය ඕනතරම් ශ්‍රමණබ්‍රාහ්මණවරු ඉන්නෙ. ගිහිල්ලා ඒගොල්ලන්ගෙන් අහන්න **(යදි සච්චා දමා චාගා ඛන්ත්‍යා භියෝ’ න විජ්ජති)** සත්‍යයයි, ඉන්ද්‍රිය දමනයයි, ත්‍යාගයයි, ඉවසීමයි කියන මේවාට වඩා උතුම් දේවල් තියෙනවද කියලා." සත්‍යවාදී වීම, ඉන්ද්‍රිය දමනය, ත්‍යාගය, ඉවසීම කියන මේ ඔක්කොම ගුණධර්ම නේද? මේවාට වඩා උතුම් දෙයක් තිබේ දැයි කියලා අනිත් අයගෙනුත් අහලා බලන්ට කිව්වා.

එතකොට ආලවක කියනවා **(කථන්නුදානිපුච්ඡෙය්‍යං පුථු සමණබ්‍රාහ්මණේ)** "අනිත් ශ්‍රමණබ්‍රාහ්මණයන්ගෙන් මං දැන් ආයෙ අහන්නේ මක්කටද? **(සෝහං අජ්ජ පජානාමි යෝ අත්ථෝ සම්පරායිකෝ)** මරණින් මතු ජීවිතයේ අර්ථය ගැන මං දැන් දන්නවා නොවැ. **(අත්ථාය වත මේ බුද්ධෝ වාසායාලවිමාගමා)** අනේ මගේ මේ අලව් භවනට භාග්‍යවතුන් වහන්සේ වැඩම කළේ මට හිත සුව පිණිස ම යි. **(සෝහං අජ්ජ පජානාමි යත්ථ දින්නං මහප්ඵලං)** අද මං දන්නවා කාට දුන්නොත් ද යමක් මහත්ඵල වෙන්නේ කියලා."

අලව් යකුගේ ප්‍රීති වාක්‍ය....

ඒ කියන්නේ එහෙනම් මේ ලෝකයේ අග්‍රදක්ඛිණෙය්‍ය (දන්පැන් ලැබීමට සුදුසු අය අතර අග්‍ර) උත්තමයා කවුද? බුදුරජාණන් වහන්සේ යි. ඊට පස්සේ ආලවක කියනවා (**නමස්සමානෝ සම්බුද්ධං**) භාග්‍යවතුන් වහන්සේට වැඳ වැඳ, (**ධම්මස්ස ච සුධම්මතං**) ධර්මයේ සුධර්මත්වයට වැඳ වැඳ, (**සෝහං විචරිස්සාමි ගාමා ගාමං පුරා පුරං**) මං ගමක් ගමක් ගානෙ, නගරයක් නගරයක් ගානෙ යනවා" කිව්වා.

බලන්ට පින්වත්නි, මේ වගේ ශාස්තෘන් වහන්සේ නමක් ලෝකයේ වෙන කොහෙද ඉන්නේ? වෙන මොන ආගමක ද මේ වගේ ආශ්චර්ය අද්භූත විස්තර තියෙන්නේ? ඔය විදිහට බුදුරජාණන් වහන්සේගේ ධර්ම කථාවෙන් ආලවක දමනය වුණා. දමනය වෙලා බුදුරජාණන් වහන්සේගේ ගුණ කිය කිය ඉන්නකොට ඔන්න එළි වුණා. ආලවක දැන් මාර්ගඵලලාභී ශ්‍රාවකයෙක්.

අලව් කුමාරයා බිල්ලට අරගෙන ආවා....

ඔන්න දැන් පාන්දරින් ම අලව් කුමාරයාත් සරසාගෙන, පූජාවට්ටියකුත් අරගෙන රාජ පුරුෂයෝ එනවා. එනකොට නුගරුක පැත්තෙන් සාදු සාදු කියන සද්දයක් ඇහෙන්ට ගත්තා. රාජ පුරුෂයෝ කල්පනා කළා 'හෑ... මොකක්ද ඒ සාදුකාර සද්දෙ? භාග්‍යවතුන් වහන්සේට හැර වෙන කෙනෙකුට මේ වගේ සාදු නාදයක් පවත්වන්න කවුරුවත් නෑ. අපගේ භාග්‍යවතුන් වහන්සේ වැඩම කරලා වත්ද?' කියලා බැලුවා. ඔන්න එතකොට පේනවා නුගරුක් සෙවණේ භාග්‍යවතුන් වහන්සේ වැඩ

ඉන්නවා. භාග්‍යවතුන් වහන්සේගේ ශරීරයෙන් ආලෝකය විහිදෙනවා. යකාත් ප්‍රකෘති වේශයෙන් ඇවිල්ලා භාග්‍යවතුන් වහන්සේට වැඳගෙන ඉන්නවා පේනවා.

දැන් මිනිස්සුන්ට භය නෑ. වෙනදට නුග රුක ළඟට කිට්ටු වෙනකොට භයේ ගැහි ගැහී නෙ මිනිස්සු ඉන්නේ. භය නැතුව ළමයත් අරගෙන නුග රුක යටට ආවා. ඇවිල්ලා අර පූජා වට්ටියයි ළමයාවයි අලව් යකාට දික් කරලා "ඕං යකෝ බිල්ල. දැන් මේක ගනිං... එක්කො මේක අනුභව කරපන්. නැත්නම් කැමති දෙයක් කොරහං" කිව්වා. යකාට දැන් වස ලැජ්ජාව. යකා ඇඹරි ඇඹරි "හා එහෙනං දෙන්ටකෝ" කියලා අලව් කුමාරයාව අතට ගත්තා.

අග තනතුරු ලබන්ට පින් ඇති කුමරා....

අතට අරන් බුදුරජාණන් වහන්සේ ළඟට ගිහිල්ලා "ස්වාමීනී භාග්‍යවතුන් වහන්ස, මේ කුමාරයා මට එවලා තියෙන්නෙ. මා කෙරෙහි අනුකම්පා උපදවාගෙන භාග්‍යවතුන් වහන්සේ මේ දරුවා පිළිගන්නා සේක්වා!" කියලා කිව්වා. එතකොට බුදුරජාණන් වහන්සේ කුමාරයාව ශ්‍රී හස්තයට ගත්තා. කල්ප ලක්ෂයක් පාරමී ධර්මයන් පුරලා, අගතනතුරු ලබන උපාසකයෙක් බවට පින් පුරවාගෙන ආපු කෙනා තමයි මේ භාග්‍යවතුන් වහන්සේගේ ශ්‍රී හස්තයට දුන්නෙ. භාග්‍යවතුන් වහන්සේගේ අතට දෙන ගමන් අලව් යකා ලස්සන ගාථාවක් කියනවා.

(ඉමං කුමාරං සතපුඤ්ඤ ලක්ඛණං - සබ්බංගුපේතං පරිපුණ්ණ බ්‍යඤ්ජනං) "භාග්‍යවතුන් වහන්ස, අනේකශ්‍රීයෙන් යුතු, සියලු අඟපසඟින් සමලංකෘත

මේ ලස්සන කුමාරයා **(උදග්ගචිත්තෝ සුමනෝ දදාමි තේ)** උදවැඩුණු සිතින්, සතුටු සිතින් මං ඔබවහන්සේට දෙනවා. **(පටිග්ගහ ලෝකහිතාය චක්ඛුමා)** ප්‍රඥා චක්ෂුස ඇතියාණන් වහන්ස, ලෝකයට අනුකම්පාවෙන් මේ දරුවා පිළිගන්නා සේක්වා!" කිව්වා.

භාග්‍යවතුන් වහන්සේගේ ආශීර්වාදය....

භාග්‍යවතුන් වහන්සේත් මේ කිරි දරුවා ශ්‍රී හස්තයට අරගෙන ගාථාවක් වදාරණවා. **(දීඝායුකෝ හෝතු අයං කුමාරෝ)** "මේ කුමාරයාට දිගාසිරි වේවා! **(තුවං ච යක්ඛ සුඛිතෝ භවාහි)** යක්ෂය, තොපත් සුවපත් වේවා! **(අබ්‍යාධිතා ලෝකහිතාය තිට්ඨථ)** ලෝකයා කෙරෙහි මෙත් කරුණාවෙන් වාසය කරන්න. **(අයං කුමාරෝ සරණමුපේති බුද්ධං)** මේ කුමාරයා බුදුන් සරණ යන්නේය. **(අයං කුමාරෝ සරණමුපේති ධම්මං)** මේ කුමරා දහම් සරණ යන්නේය. **(අයං කුමාරෝ සරණමුපේති සංඝං)** මේ කුමරා සඟුන් සරණ යන්නේය" කියලා ආපහු රාජ පුරුෂයන්ගේ අතට ම කුමාරයාව දුන්නා.

එතකොට ඉස්සෙල්ලාම රාජපුරුෂයෝ ඇවිල්ලා අලව් යකාගේ අතට කුමාරයාව දුන්නා. අලව් යකා ඒ කුමාරයාව භාග්‍යවතුන් වහන්සේගේ අතට දුන්නා. භාග්‍යවතුන් වහන්සේ කුමාරයාව රාජ පුරුෂයෝ අතට දුන්නා. මේ විදිහට අතින් අතට ගිය නිසා කුමාරයාට නම වැටුණා '**හත්ථක ආලවක**' කියලා.

මුළු අලව් නුවර ම බිය රහිත වුනා....

ඔන්න අලව් රජ්ජුරුවන්ටත් ආරංචි වුණා යකා මෙහෙම දමනය වුණා ය කියලා. දැන් ඉතින් රජ්ජුරුවන්ට

හරිම සතුටුයි. ඇයි රජ්ජුරුවෝ මරණ භයින් නිදහස් වුණා නෙ. රජ්ජුරුවෝ සේනාවත් එක්ක එතනට ආවා. මුළු අලව් නගරය පුරාමත් ඒකකෝලාහල වුණා ආලවක නමැති භයානක යක්ෂාගේ බිල්ලට යන එකෙන් දැන් අපි නිදහස් වුනා කියලා.

දැන් කාලෙ අපිව එහෙම බේරන්න කවුරුත් නෑ. දැන් ඉන්දියාවෙ තනිකරම තියෙන්නේ බිලි පූජා ම යි. හින්දු ආගමේ උගන්වන දේත් එක්කයි, මිනිස්සුන්ගේ තියෙන අකුසලුත් එක්කයි සියලු දෙනාම නපුරුකමේ කෙළවරේ වාසය කරන්නෙ. හින්දු ඉතිහාසය හොඳට ඉගෙන ගත්තු අය ඒක දන්නවා. එහෙම නැති අය දන්නෙ නෑ. ඉන්දියාවේ බුද්ධ ශාසනය විනාශ කරපු හැටි, බෞද්ධ පිරිස මරපු හැටි. බමුණෝ තමයි ශිව බලය අරගෙන ඒ විනාශය කළේ. ඒ විනාශයත් එක්ක බලද්දි හිට්ලර් කරපු ඝාතන සුළුයි.

අසූහාර දහසක් දෙනා මගඵල ලැබුවා....

ඉතින් එදා උදෑසන බුදුරජාණන් වහන්සේ අලව් නගරයේ පිණ්ඩපාතේ වැඩලා එක්තරා රුක් මුලක වැඩසිටියා. රජ්ජුරුවොත් එතැනට ආවා. නගරවාසීන් ඔක්කෝමත් එකතු වුණා. ඒ වෙලාවේ රජ්ජුරුවෝ අහනවා "අනේ ස්වාමීනී, ඔය යකා මහා බිහිසුණුයි. මහා දරුණුයි. ඕකා මාව අතින් අල්ලගත්තා. මට නිදහස දුන්නේ ම නෑ. අපි ඔක්කොම බිලි පූජාවල්වලට අහුවුණා. අපට ගැලවෙන්ට විදිහක් නැතුව හිටියේ. අනේ භාග්‍යවතුන් වහන්ස, කොහොමද මේකාව දමනය කළේ?" කියලා ඇහුවා.

එතකොට බුදුරජාණන් වහන්සේ ආලවක යක්ෂයා නවවිධ වරුසා එවපු හැටි, දූස්සායුධයෙන් ගහපු හැටි, තර්ජනය කරපු හැටි, ප්‍රශ්න අහපු හැටි, ඒ ප්‍රශ්නවලට පිළිතුරු දීලා යකාව දමනය කරපු හැටි, යකා මගඵල ලැබූ බව විස්තර කරලා කිව්වා. කියලා මේ ආලවක සූත්‍රය ඒ මිනිස්සුන්ටත් දේශනා කළා. එතන හිටපු අසූහාරදහසක් දෙවියන්, මිනිසුන් මාර්ගඵල ලැබුවා ඒ ආලවක සූත්‍රය අහලා.

අලව් යකා වෙනුවෙන් දෙවොලක්....

අලව් නගරයේ තිබිලා තියෙනවා වෛශ්‍රවණ දෙවියන් නමින් දෙවොලක්. එතකොට ඒ කාලේ වෛශ්‍රවණ දිව්‍ය රාජයා වෙනුවෙන් හදපු දෙවොලක් අලව් නුවර තිබිලා තියෙනවා. රජ්ජුරුවෝ මොකද කළේ, **(වෙස්සවණ මහාරාජස්ස භවන සමීපේ යක්ඛස්ස භවනං කත්වා)** වෛශ්‍රවණ දෙවියන්ගේ භවන ළඟ අලව් යකාටත් භවනක් ඉදිකළා.

ඒක ඒ මිනිස්සු තුළ තිබ්ච්ච ගුණයක් නේද? නැත්නම් "ඕකා තමයි අපේ මිනිස්සුන්ව බිල්ලට ගත්තේ. අනේ භාග්‍යවතුන් වහන්ස, ඕකා පරසක්වල ගහන්ට" කියලා කියන්න එපැයි එහෙනම්. එහෙම කිව්වේ නෑ ඒ මිනිස්සු. ඒ මිනිස්සු මොකද කළේ, අලව් යකා වෙනුවෙන් භවනක් හදලා **(පුප්ඵගන්ධාදී සක්කාරූපේතං නිච්චං බලිං පවත්තිංසු)** මල්, සුවඳ, කිරිබත් ආදියෙන් නිතර පූජාවල් පවත්වන්ට ගත්තා. සෝතාපන්න වෙච්ච යක්ෂයෙකුටයි ඒ මිනිස්සු මේක කරලා තියෙන්නෙ. බුදුරජාණන් වහන්සේ ඒක තහනම් කළේ නෑනෙ "උඹලට පිස්සු ද... දැන් උඹලා ඕක කරන්න එපා" කියලා.

ගුණධර්මවල තද පරිහානියක්....

කාට වුනත් සැලකීම කියන එක, දානය කියන එක බුදුරජාණන් වහන්සේ ප්‍රතික්ෂේප කරලා නෑ. හැබැයි සරණ යෑම තෙරුවන් සරණ විතරයි. දැන් කාලේ සරණනෙ නැත්තෙ. යමක් කරන්න ඉස්සෙල්ලා බොරුවට සරණ කියලා, අනිත් පැත්තට සරණ යන්නෙ අමනුස්සයාව. ඊට පස්සේ අමනුස්ස ග්‍රහණයේ තමයි ඉන්නෙ. මේ කාලේ මනුස්සයෙක් සුගතියේ යනවා කියන්නෙත් පුදුම සහගත දෙයක්. ඒ තරම්ම මිනිස්සුන්ගේ ගුණධර්මවල තද පරිහානියක් තියෙනවා.

දවසක් දවසක් පාසා, රාත්‍රිය ගෙවිලා හිරු උදාවෙනකොට ඒ පරිහානිය තවත් වැඩිවෙලා. එච්චර වේගවත් පරිහානියක් තියෙනවා. ඒ නිසානෙ මේ සමාජය මේ තරම් මත් කුඩු මත්ද්‍රව්‍යවලින්, අශීලාචාරකම්වලින්, වලත්තකම්වලින් වෙලාගෙන තියෙන්නේ. ඊළඟට අනුන්ට ගැරහීම. භාග්‍යවතුන් වහන්සේටත් ගරහනවා. භාග්‍යවතුන් වහන්සේ උපන් බිමටත් ගරහනවා. භාග්‍යවතුන් වහන්සේට පුදන ඒවාටත් ගරහනවා.

බුදුන්ට මොකටද ඔච්චර විශාල එකක්...?

ඔබ දැකලා තියෙනවා නේද, කොළඹ තියෙන තට්ටු ගණන් උස විශාල හෝටල්? කවුරුත් බනින්නෙ නෑ රැයක් ඉන්න මොකටද මේ වගේ විශාල හෝටල් කියලා. යන්න එන්න මෙච්චර ලොකු වාහන මොකටද මිනිස්සුන්ට කියලා කවුරුවත් බනින්නේ නෑ. හැබැයි බුදුරජාණන් වහන්සේට උස විහාරයක් හැදුවොත් බුදුන්ට මොකටද ඔච්චර විශාල එකක් කියලා බනිනවා.

මනුස්සයන්ට ලැබෙන දේට බනින්නෙ නෑ. භාග්‍යවතුන් වහන්සේට ලැබෙන දේට බනිනවා. ඒකෙන් පේනවා මනුස්ස වේශයෙන් හිටියට ඔක්කෝටම මාර සේනාව වැහිලා ඉන්නේ. ඒගොල්ලන්ගේ මාර්ගයෙන් ඉක්මනට ශාසනය අතුරුදහන් වෙනවා. එහෙම රටාවක් මැද්දෙ තමයි අපි මේ ධර්ම ප්‍රචාරය කරගෙන යන්නෙ. ඒ නිසයි අපි කාලයක් තිස්සෙ කිව්වේ 'හිත පහදවා ගනිං... හිත පහදවා ගත්තෙ නැත්නම් බේරෙන්න විදිහක් නෑ' කියලා.

පියරජුගේ අවවාදය....

ඉතින් ඔන්න අර හත්ථක ආලවක කුමාරයාව රජ්ජුරුවෝ ආයෙ මාළිගාවට අරගෙන ඇවිල්ලා ඇතිදැඩි කළා. හැබැයි රජ්ජුරුවෝ ඇතිදැඩි කළේ තමන්ගේ කුමාරයෙක් හැටියට නෙවෙයි. භාග්‍යවතුන් වහන්සේ භාරදීපු කෙනෙක් හැටියටයි. රජ්ජුරුවෝ අලව් කුමාරයාට ඊළඟට රජකම දෙන්න ප්ලෑන් කළේ නෑ. ඒ කාලේ මිනිස්සුන්ගේ වෙනස බලන්න.

කුමාරයාට තේරෙන වයස ආවාට පස්සේ රජ්ජුරුවෝ කුමාරයාට කියනවා **(ත්වං භගවන්තං නිස්සාය ජීවිතං ලභි)** "කුමාරය, නුඹට ජීවිතේ ලැබුණේ භාග්‍යවතුන් වහන්සේ නිසයි." බලන්ට රජ්ජුරුවන්ගේ කෙළෙහිගුණය. කුමාරයාව ග්‍රහණය කරගත්තෙ නෑ. අපි කියමු මේ කාලේ එක දරුවෙක් ඉඳලා, බිල්ලට යන්න ගිහිල්ලා කොහොමහරි දෙමව්පියන්ට ආයෙ ළමයා ලැබුණා කියලා. දෙමව්පියෝ කලින්ටත් වඩා ළමයාව හිතෙන් ග්‍රහණය කරගන්නවා. එහෙම අතහරින්න හැකියාවක් නෑ අද කාලේ. ඊට පස්සේ කිව්වා **(ගච්ඡ)** "යන්න. **(භගවන්තං යේව පයිරුපාසස්සු)** භාග්‍යවතුන්

වහන්සේව ම ආශ්‍රය කොරාපං. (**භික්ඛුසංඝං ච**) භික්ෂු සංඝයාත් ආශ්‍රය කොරාපං" කියලා රජ්ජුරුවෝ කුමාරයාව පිටත් කළා.

උපාසකවරු පන්සීයක පිරිවරක්....

ඊට පස්සේ හත්ථක ආලවක කුමාරයා භාග්‍යවතුන් වහන්සේගෙයි, භික්ෂු සංඝයාගෙයි ආශ්‍රයට වැටුණා. (**න චිරස්සේව අනාගාමී ඵලේ පතිට්ඨාය**) වැඩි කල් ගියේ නෑ. අනාගාමී ඵලයට පත්වෙලා, (**සබ්බං බුද්ධවචනං උග්ගහෙත්වා**) සියලු බුද්ධ වචනය ඉගෙන ගෙන, (**පඤ්චසත උපාසකපරිවාරෝ අහෝසි**) උපාසකවරු පන්සීයක පිරිවරක් ඇතිව වාසය කළා. භාග්‍යවතුන් වහන්සේ ඒ උපාසකට අග්‍ර ඨානාන්තර දුන්නා (**ඒතදග්ගං භික්ඛවේ මම සාවකානං උපාසකානං චතූහි සංගහවත්ථූහි පරිසං සංගණ්හන්තානං**) "මහණෙනි, සතර සංග්‍රහ වස්තුවෙන් පිරිසට සංග්‍රහ කරන්නා වූ මාගේ ශ්‍රාවක උපාසකයන් අතර (**යදිදං හත්ථකෝ ආලවකෝ**) මේ හත්ථක ආලවක අග්‍රයි" කියලා.

මොනවාද ඒ සතර සංග්‍රහ වස්තු? දානය, ප්‍රිය වචනය, අර්ථචර්යාව, සමානාත්මතාවය. දානයෙන් සංග්‍රහ කළ යුතු කෙනාට මේ හත්ථක ආලවක උපාසක දානයෙන් සංග්‍රහ කරනවා. ප්‍රිය වචනයෙන් සංග්‍රහ කළ යුතු කෙනාට හත්ථක ආලවක උපාසක ප්‍රිය වචනයෙන් සංග්‍රහ කරනවා. උදව් උපකාරයෙන්, උපදේශයෙන් සංග්‍රහ කළ යුතු කෙනාට, අර්ථ චර්යාවෙන් සංග්‍රහ කරනවා. සමානාත්මතාවයෙන් සංග්‍රහ කළ යුතු කෙනාට සමානාත්මතාවයෙන් සංග්‍රහ කරනවා. මේ සංග්‍රහය උපාසකවරුන්ගෙන් වෙන කවුරුවත් මෙච්චර හොඳට

කළේ නෑ. ඒ නිසා බුදුරජාණන් වහන්සේ වදාළා මේ හත්ථක ආලවක උපාසක සතර සංග්‍රහ වස්තුවෙන් පිරිසට සංග්‍රහ කරන උපාසකයන් අතර අග්‍රයි කියලා.

ඇක්සිඩන්ට් කියන්නේ මිනිස් බිලි....

දැන් බලන්න බුදු කෙනෙක් පහළ වෙච්ච ලෝකයේ හැටි. මේ කාලේ එහෙම ලෝකයක් නෑ. අනාගතේටත් එහෙම ලෝකයක් නෑ. මේ කාලේ පොඩි අමනුස්සයෙකුට පුළුවන් මිනිස්සුන්ව කරකවලා ගන්න. බඹරේ කැරකෙනවා වගේ මිනිස්සු කැරකෙනවා. පොඩි අමනුස්සයෙකුට පුළුවන් මිනිස්සුන්ට හිංසා කරවන්න, මිනිස්සුන්ට වැහෙන්න, මිනිස්සුන්ව නොමග යවන්න. බලන්න, බුදුරජාණන් වහන්සේ වැඩ හිටපු, මහා පුණ්‍යවන්තයෝ හිටපු කාලයේ පවා මිනිස්සු මිනිස් බිලි දීපු හැටි. දැන් කාලෙත් මිනිස් බිලි තමයි ඔය ඇක්සිඩන්ට් කියන්නෙ. ඔය කෙළවරක් නැතුව පාරවල්වල හැප්පි හැප්පි මැරෙන්නෙ මිනිස් බිලි. දිනපතා බිලි ගන්නවා. එහෙම ලෝකෙක තමයි අපි මේ වාසය කරන්නෙ.

බොහෝ දෙනෙක් අමනුෂ්‍ය ග්‍රහණයේ....

හැබැයි මේ මිනිස්සු ජීවත් වෙන්නේ උඩගුකමින් ආඩම්බර වෙලා. උඩගුකම කියන්නෙ මානසික අර්බුදයක් නෙ. නමුත් මේ තත්වය මත, ඇත්ත ස්වභාවය බලද්දි කොච්චර අසරණ ද? දැන් මේ ආලවක සූත්‍රයෙන් අපි තේරුම්ගත්තා බුදුරජාණන් වහන්සේගේ අනුත්තරෝ පුරිසදම්ම සාරථී ගුණය සුළුපටු එකක් නෙවෙයි. ආලවක කියන්නේ මහා බලසම්පන්න යකෙක්. රජාගේ පටන් සමස්ත ජනයා තමන්ගේ වසඟයට අරගෙන වාසය

කළා. ඊළඟට බලසම්පන්නකම කොච්චරද කියන්නේ, වම්කකුල තිබ්බා මනෝසීල පර්වතයේ. දකුණු කකුල තිබ්බා කෙලාසකූට පර්වතයේ. අලව් නගරයේ ඉඳලා තුන්දහසක් යොදුන් දුර. මුළු ජම්බුද්වීපයට ඇහෙන්න කෑ ගහන්න පුළුවන් කෙනෙක්. දැන් තේරුම් ගන්න තත්වය.

එහෙම අය ලෝකයේ ඒ කාලේ පහළ වුණා නම්, මෙකලත් පහළ වෙන්න බැරිද? ඒ ලෝකෙම නේද මේ තියෙන්නේ? මෙකල මිනිස්සුන්ගේ ඇඟවල්වලටත් වැහෙන්නෙ ඔය. බුදුන් ලංකාවේ උපන්නා ය, අනිච්ච දුක්ඛ අනත්ත ත්‍රිලක්ෂණය වැරදිය, වෙනින් එකක් මේකේ තියෙන්නේ කිය කිය යන අයත් ඔක්කොම අමනුස්ස අවේශ. අමනුස්සයන්ගේ මෝහනයක් තියෙන්නෙ. ඒකට පිරිස මෝහනය වෙලා යනවා. මැරුණාට පස්සේ ඔක්කෝම ගිහිල්ලා උපදින්නේ අමනුස්සයන්ගේ ගෝලයෝ වෙලා. එතනට තමයි යන්නෙ. ඒගොල්ලෝ තිසරණයට විරුද්ධයි.

මේ ආත්මේ නැති එක ලබන ආත්මෙවත්....

බලන්න මේ මනුස්ස ලෝකය අමනුෂ්‍යයන්ට ග්‍රහණය වෙන හැටි. අනිත් ආගම්වල වෙන දේවල් බලන්න. ඔක්කොම ලේ ගොඩවල්වල තියෙන්නෙ. ඒ නිසා එබඳු ලෝකයක මේ කාලේ හොඳට නුවණින් සලකා බුදුරජාණන් වහන්සේ සරණ යන්න ඕනෙ යෝනිසෝ මනසිකාරය ඊළඟ ආත්මෙවත් හැදෙන්න නම්. මේ ආත්මේ හරියට නැති යෝනිසෝ මනසිකාරය ඊළඟ ආත්මෙවත් ලබාගන්න අවස්ථාව ඇතිකරගන්න. මේ කාලේ යන්තම් තියෙනවා නම් කුසල් - අකුසල් වෙන් කරගන්න පුළුවන්කමක්, යන්තම් තියෙනවා නම්

හොඳ - නරක වෙන් කරගන්න පුළුවන්කමක්, යන්තම් තියෙනවා නම් සත්පුරුෂකම - අසත්පුරුෂකම වෙන් කරලා බලන්න පුළුවන්කමක්, යන්තම් තියෙනවා නම් සත්‍යය - අසත්‍යය වෙන්කරගන්න පුළුවන්කමක්, අපි ඒ හැකියාව වැඩිකරගන්න ඕනෙ මිසක් ඒ හැකියාව නසා ගන්න ඕනෙ නෑ.

මෙත් සිතක අසිරිය....

දැන් බලන්න අපගේ ශාස්තෘන් වහන්සේ, අපි සරණ ගියපු භාග්‍යවතුන් වහන්සේ අවිආයුධයකින් තොරව, දඬුවමකින් තොරව දරුණු යක්ෂයෙක් දමනය කරපු විදිහ. මට මේකේ තව කොටසක් කියන්න අමතක වුනා. අලව් යකා නවවිධ වරුසාවක් එවලා, දුස්සායුධයෙනුත් ගහලා ඊට පස්සේ කල්පනා කළා "අපෙ අප්පෝ.... මේ ශ්‍රමණයාට මං මෙච්චර හිංසා කරලත් කිසිදෙයක් වුණේ නැත්තෙ මොකද? එහෙනම් ඒකාන්තයෙන්ම මේ ශ්‍රමණයා මෛත්‍රී ගුණයෙන් බලවත්" කියලා.

ඊට පස්සේ හිතුවා "ඇත්තටම මේ ශ්‍රමණයා මෛත්‍රී ගුණයෙන් බලවත් ද, නැත්නම් ක්‍රෝධ වසඟව ඉන්නවා ද කියලා බලන්ට මං මොහුව එළියට යවන්න ඕනෙ" කියලා. එහෙම හිතලා තමයි නික්ඛම සමණ කියලා කිව්වේ. එතකොට බලන්න යකා තේරුම් ගත්තා හානියක් කරන්න බැරි වෙන්න එක හේතුවක් තමයි මෛත්‍රී ගුණයෙන් බලවත් වීම.

ලොව දමනය කළ මුනිඳාණෝ....

අපේ ශාස්තෘන් වහන්සේ තරම් මෛත්‍රී ගුණයෙන් බලවත් වෙන කෙනෙක් මේ ලෝක ධාතුවේ නෑ. ඒ නිසා

අපි 'බුද්ධං සරණං ගච්ඡාමි' කියලා සරණ ගියේ මායාවක් නෙවෙයි. ඒක අපි හොඳට තේරුම් ගන්ට ඕනෙ. අපි 'බුද්ධං සරණං ගච්ඡාමි' කියලා සරණ ගියේ හිතාගන්ට බැරි තරම් අසාමාන්‍ය ගුණ සම්පත්තියක්, ගුණ මුහුදක්, ගුණ ආකාසයක්. ඒකයි බුදුරජාණන් වහන්සේ ගුණ නවයකින් මෙනෙහි කරන්න කියලා අපට ඉගැන්නුවේ. **(සද්දහති තථාගතස්ස බෝධිං. ඉතිපි සෝ භගවා අරහං සම්මා සම්බුද්ධෝ...)** තථාගතයන් වහන්සේගේ අවබෝධය අදහාගෙන, අරහං සම්මා සම්බුද්ධ ආදී මේ මේ ගුණවලින් යුක්තයි කියලා මෙනෙහි කරන්න කියලා අපට වදාළේ.

මේ සූත්‍රය පුරා අපට ඉස්මතු වෙවී පෙනුනේ බුදුරජාණන් වහන්සේගේ අනුත්තරෝ පුරිසදම්මසාරථී කියන ගුණය යි. ඔබට මතක ඇති සාතාගිරි - හේමවත දෙන්නා තුන් කරුණකින් භාග්‍යවතුන් වහන්සේට ප්‍රශංසා කළා. එහෙනම් අපිත් දැන් ඒ විදිහට ප්‍රශංසා කරමු.

අපගේ භාග්‍යවතුන් වහන්සේ ඒකාන්ත වශයෙන් ම සම්මා සම්බුද්ධ වන සේක.

භාග්‍යවතුන් වහන්සේ විසින් වදාරණ ලද ශ්‍රී සද්ධර්මය ඒකාන්ත වශයෙන් ම ස්වාක්ඛාත ය.

භාග්‍යවතුන් වහන්සේගේ ශ්‍රාවක සංඝ රත්නය ඒකාන්ත වශයෙන් ම සුපටිපන්න වන සේක.

සාදු! සාදු!! සාදු!!!

නමෝ තස්ස භගවතෝ අරහතෝ සම්මාසම්බුද්ධස්ස
ඒ භාග්‍යවත් අර්හත් සම්මා සම්බුදුරජාණන් වහන්සේට නමස්කාර වේවා!

02.
සවස් වරුවේ
ධර්ම දේශනය

සැදැහැවත් පින්වත්නි,

ඔබ දන්නවා මේ බුද්ධ ශාසනයේ මහා දානපති දායකයෙක් හිටියා. ඒ දායකයා තමයි සැවැත් නුවර ජේතවනාරාමය හදලා බුදුරජාණන් වහන්සේට පූජා කළේ. එතුමා තමන්ගේ සම්පූර්ණ ධනය බුද්ධ ශාසනය වෙනුවෙන් වියදම් කළා. බුදුරජාණන් වහන්සේගෙන් නොයෙක් වර ධර්මය ඇසුවා. ආර්ය සංඝයා කෙරෙහි බොහෝ පැහැදිලා හිටියා. සෝවාන් ඵලයට පත් වෙලා හිටියා. ඒ දායක පින්වතාගේ නම අනේපිඬු සිටුතුමා.

මේ අනේපිඬු සිටාණන් මියපරලොව ගිහින් තුසිත දිව්‍ය ලෝකයේ උපන්නා. ඒ අනාථපිණ්ඩික දිව්‍ය පුත්‍රයා බුදුරජාණන් වහන්සේව බැහැදකින්ට ඇවිල්ලා ජේතවනාරාමයේ භාග්‍යවතුන් වහන්සේ වැඩ ඉන්නවා දැකලා, සංඝ සෘෂීන් වහන්සේලා වැඩ ඉන්නවා දැකලා, ප්‍රඥාවෙන් අග්‍රේෂර සාරිපුත්ත මහරහතන් වහන්සේ වැඩ ඉන්නවා දැකලා මහත් සොම්නසින් ප්‍රීති වාක්‍ය පවසලා

නැවත දෙව්ලොවට ගියා. ඒ අනාථපිණ්ඩික දිව්‍ය පුත්‍රයා මනුස්ස ලෝකයේ භාග්‍යවතුන් වහන්සේගේ දායකයෙක් වශයෙන් ඉන්දෙද්දි බුදුරජාණන් වහන්සේ එතුමාට වදාළ පංච භයවේර සූත්‍රය නමැති දේශනාව තමයි දැන් අපි ඉගෙන ගන්නෙ. මේ දේශනය ඇතුලත් වෙන්නේ සංයුත්ත නිකායට.

ලොකුම ගැටලුව යෝනිසෝ මනසිකාරය නැතිකම යි....

මේ දේශනා අපට හරිම උපකාරයි. ඒ කියන්නේ පින්වත්නි, දැන් ඔය **සෝතානුධත සූත්‍රය** කියලා දේශනාවක් තියෙනවානේ. ඒකේ සඳහන් වෙනවා සවන් දීම තුළ අපට ලැබෙන ප්‍රතිලාභ. ඊළඟට **සංඛාරුප්පත්ති සූත්‍රයේ** මනුෂ්‍යයන්ට සුගතියේ උපදින්න තියෙන අවස්ථාව ගැන විස්තර කරලා තියෙනවා. මේ කාලේ මනුෂ්‍යයන්ට තියෙන ලොකුම ගැටළුව තමයි යෝනිසෝ මනසිකාරය නැතිකම. ඊළඟ ගැටළුව උඩඟුකම. ඒ උඩඟුකමින් වරදින වැරදිල්ල තමන්ටවත් නිවැරදි කරගන්ට බෑ. තමන්ගේ ම උඩඟුකමින් තමයි වැරැද්ද වෙන්නේ. ඒ නිසා බොහෝ දෙනෙකුට මේ බුද්ධ දේශනාව ගැන හිත පහදවාගන්ට බැරිවෙලා තියෙනවා.

බුද්ධ දේශනාවේ තියෙනවා දිව්‍ය ලෝකයේ විස්තර. ඒවා දේශනා කළේ බුදුරජාණන් වහන්සේ යි. එහෙම එකක් දේශනා කරන්නෙ මනුස්සයාට දෙවියන් අතරේ රැකවරණයක් තියෙන නිසයි. බාලපණ්ඩිත සූත්‍රයේදීත් උන්වහන්සේ දේශනා කළා "මහණෙනි, දිව්‍ය ලෝකය කියන්නේ **(කේවලපණ්ඩිත භූමි, සප්පුරිස භූමි)** මුළුමනින් ම පණ්ඩිත භූමියයි, සත්පුරුෂයන් උපදින තැනයි" කියලා.

පිරුණු කළේ දිය නොසැලේ....

නමුත් මෙහේ තෙරුවන් සරණ ගියපු අය සත්පුරුෂ භූමියට ගරහනවා. කොහොමද ගරහන්නේ, "දිව්‍ය ලෝකෙ යනවා කියන්නෙ කාමාශාව. අපිට ඕනෙ නිවනයි" කියලා ගරහනවා. ගරහ ගරහා පෙන්නුම් කරන්නේ තමන්ගේ මෝඩකම ම යි. මෝඩයන්ට නෙවෙයි මේ ධර්මය තියෙන්නේ නුවණැත්තන්ටයි. බුද්ධිමත් මනුෂ්‍යයෙකුගේ ලක්ෂණයක් තමයි යමක් මධ්‍යස්ථව විමසන්ට පුළුවන්කම. අපි සාමාන්‍ය ව්‍යවහාරයේ කියනවා "පිරුණු කළේ දිය නොසැලේ" කියලා. ගොජ ගොජ ගගා සද්ද දෙන්නේ නොපිරුණු කළේ ම යි. පිරිච්ච කළේ ශබ්ද නගන්නේ නෑ. ඒ වගේ බුද්ධිමත් මනුස්සයාගේ ස්වභාවය තමයි හිතට එන ආවේග පස්සේ නොගොස්, බුද්ධ දේශනාව ගෞරව සම්ප්‍රයුක්තව පිළිඅරගෙන, ශාස්තෘ ගෞරවය ඇති කරගෙන සිටීම.

මෝඩකමේ බැසගත් මිනිසුන්....

දැන් අපි ගත්තොත් අනේපිඬු සිටුතුමාට දිව්‍යලෝක ගැන දේශනා කළාම අනේපිඬු සිටුතුමා භාග්‍යවතුන් වහන්සේට කිව්වෙ නෑ "අනේ භාග්‍යවතුන් වහන්ස, මට ඕවා එපා. මට ඉක්මනට නිවන් දකින්ට දහමක් කියන්න" කියලා. අනේපිඬු සිටුතුමා "එහෙමයි භාග්‍යවතුන් වහන්ස" කියලා පිළිගන්නවා. බුදුරජාණන් වහන්සේ තමයි මනුස්සයාට සුගතියේ උපත පිණිසත් කරුණු පෙන්වා දෙන්නෙ.

භාග්‍යවතුන් වහන්සේ නිසා දිව්‍ය ලෝක පිරෙනවා කියලා ධර්මයේ සඳහන් වෙනවා. දැන් මේ මනුස්සයන්ගේ

තියෙන ආකල්ප අනුව බුදුකෙනෙක් පහළවුනාම දිව්‍ය ලෝක හිස් වෙන්න ඕනෙ. ඇයි මනුස්ස ලෝකේ එක්කෙනෙකුටවත් දිව්‍ය ලෝකෙ යන්න තියන්නෙ නෑ, ඔක්කොම පිරිනිවන් පාන්න ඕනෙ. ඉතින් ඒ විදිහට වර්තමාන මිනිස්සු මෝඩකමේ බැහැලා ඉන්න යුගයක තමයි අපි මේ දහම් කරුණු කියන්නෙ.

ශාස්තෘන් වහන්සේව ඉක්මවා යෑම....

වර්තමාන මනුෂ්‍යයාට මධ්‍යස්ථව, විචාර බුද්ධියෙන් බලන්න හැකියාව අඩුයි. ඒ නිසා සමහරු කියනවා "දිව්‍ය ලෝකයේ යන්න ඕනෙ නෑ... දෙවියන් අතරට යන්න ඕනෙ නෑ... රාග ද්වේශ මෝහ නසලා අද අද ම පිරිනිවන් පාන්න තියෙන්නේ" කියලා. ඕක අපි ද කියන්න ඕනෙ, බුදුරජාණන් වහන්සේ ද? බුදුරජාණන් වහන්සේ යි. බුදුරජාණන් වහන්සේ දේශනා කරලා තියෙනවා "මහණෙනි, මේ විදිහට බුද්ධානුස්සතිය වඩන්න, මේ විදිහට ධම්මානුස්සතිය වඩන්න, මේ විදිහට සංඝානුස්සතිය වඩන්න, මේ විදිහට සීලානුස්සතිය වඩන්න, මේ විදිහට චාගානුස්සතිය වඩන්න, මේ විදිහට දේවතානුස්සති වඩන්න" කියලා.

කවුරුහරි කෙනෙක් බණ චුට්ටක් කටේ ගාගෙන භාග්‍යවතුන් වහන්සේවත් ඉක්මවා යන්න කල්පනා කරන එකෙන් තමන්ට ම හානි වෙනවා මිසක් වෙන කිසිම දෙයක් වෙන්නේ නෑ. භාග්‍යවතුන් වහන්සේ නමක් ධර්මය දේශනා කරද්දි සම්ඵප්ප්‍රලාප කියන්නෙ නෑ. බුදුරජාණන් වහන්සේ තමයි මනුස්සයාව සුගතියේත් සමාදන් කරවන්නේ. උන්වහන්සේට තිබුණා බුද්ධ ඥාණ. ඒ බුද්ධ ඥාණයෙන් බලලා තමයි දහම් දෙසන්නේ.

සියලු දෙනා පිරිනිවන් පාන්නේ නෑ....

අද අපි උදේ ඉගෙන ගත්තා ආලවක සූත්‍රය. ආලවක දමනයේදී බුදුරජාණන් වහන්සේ දැක්කා මේ ආලවක දමනය කළාම ඒකේ ප්‍රතිඵලය තමයි ආලවක සෝවාන් ඵලයට පත් වීම. ආලවක තුළ යෝනිසෝ මනසිකාරය තියෙනවා දැක්කා. ආලවක තවමත් ඒ යක්ෂ ආත්මයේ ම සෝවාන් පුද්ගලයෙක් හැටියට ඉන්නවා. වර්තමාන මනුෂ්‍යයන්ගේ කතාවේ හැටියට තෙරුවන් සරණ ගියාට පස්සේ දිව්‍ය ලෝකේ යන්න විදිහක් නෑ, ඔක්කොම පිරිනිවන් පාන්න ඕනෙ.

කොච්චර වැරදි ද බලන්න ඒ කතා. "දිව්‍ය ලෝකය කාමයට අයිතියි. ඒක කාමාශාව" කිය කිය වාද කරනවා. ඉස්මතු වෙන්නේ හිස් බව ම යි, සරණ නැතිකම ම යි. සරණේ පිහිටපු කෙනා ශාස්තෘන් වහන්සේ කෙරෙහි ගෞරවයෙන් ඒ ධර්ම කතාව අහලා ඒ ධර්ම කතාවට අනුකූල විදිහට ගුණධර්මයන්ගේ පිහිටනවා. ඒකට පාවිච්චි කරන්නේ තමන්ගේ යෝනිසෝ මනසිකාරයයි.

තමන් ගැන තමන්ට ම සහතිකයක්....

ඉතින් පින්වත්නි, මේ පඤ්ච භයවේර සූත්‍රයේදී අනේපිඬු සිටාණන්ට බුදුරජාණන් වහන්සේ දේශනා කරනවා **(යතෝ බෝ ගහපති අරියසාවකස්ස පඤ්ච භයානි වේරානි වූපසන්තානි හොන්ති)** "ගෘහපතිය, ආර්ය ශ්‍රාවකයෙකුගේ භය වෛර ඇති කරන කරුණු පහක් සංසිඳී ගිය විට, **(චතූහි ච සෝතාපත්තියංගේහි සමන්නාගතෝ හෝති)** සෝතාපත්ති අංග හතරෙන් සමන්විත වූ විට, **(අරියෝ චස්ස ඤායෝ පඤ්ඤාය**

සුදිට්ඨෝ හෝති සුප්පටිවිද්ධෝ) ආර්ය න්‍යාය මනාකොට නුවණින් දැක්ක විට **(සෝ ආකංඛමානෝ අත්තනාව අත්තානං බ්‍යාකරෙය්‍ය)** අන්න ඒ කෙනාට තමන් ගැන ම තමන්ට කියා ගන්න පුළුවන්. කොහොමද ඒ,

(ඛීණනිරයොම්හි) 'මම නිරයේ උපත ක්ෂය කරපු කෙනෙක්. **(ඛීණතිරච්ඡානයෝනියෝ)** මම තිරිසන් යෝනියේ උපත ක්ෂය කරපු කෙනෙක්. **(ඛීණපෙත්තිවිසයෝ)** මම ප්‍රේත ලෝකයේ උපත ක්ෂය කරපු කෙනෙක්. **(ඛීණාපායදුග්ගතිවිනිපාතෝ)** මම අපායට වැටෙන ස්වභාවයෙන් නිදහස් වෙච්ච කෙනෙක්. **(සෝතාපන්නෝහමස්මි)** මම නිවන් මගට බැසගත්තු කෙනෙක්. **(අවිනිපාතධම්මෝ)** සතර අපායට නොවැටෙන කෙනෙක්. **(නියතෝ සම්බෝධිපරායණෝ)** ඒකාන්තයෙන්ම මම නිවන් අවබෝධය පිහිට කරගෙන ඉන්න කෙනෙක්' කියලා."

මුළාවෙන් මිදී සැබෑ මගඵල....

එතකොට කවුද, කා ගැන ද මේ සහතිකය දෙන්නෙ? තමන් විසින් තමාට. මේ කියන්නේ මුළා වෙලා කරන එකක් නෙවෙයි. අර මුලින් කියාපු අංග ටික තියෙන්න ඕනෙ. භය වෛර ඇතිකරන කරුණු පහ සංසිඳිලා තියෙන්න ඕනෙ. සෝතාපත්ති අංග හතරෙන් යුක්ත වෙන්න ඕනෙ. ආර්ය න්‍යාය මනාකොට ප්‍රඥාවෙන් අවබෝධ කරගෙන තියෙන්න ඕනෙ.

සමහර අම්මලා බොරුවට අපි ළඟට ඇවිල්ලා කියනවා "අනේ ස්වාමීනී, මං සතර අපායෙන් මිදුණා" කියලා මුළාවෙන් දොඩවනවා. මං තණ්හකට ගණන්

ගන්නෙ නෑ ඒවා. මං දන්නවා මුන්දැලා බොරු කියන්නෙ කියලා. සමහරු ඇවිල්ලා "අනේ මං අනාගාමී ඵලයෙන් යුක්තයි" කියනවා. මේ මෝහනය. මොකක් හරි භාවනාවක් කරගෙන යනකොට මොකාක් හරි බලියක් පෙනිලා කියන කතාවක් ඒක.

මහා බ්‍රහ්මයාට අසනීපයක්....

එක අම්මා කෙනෙක් කිව්වා එයා භාවනා කරගෙන යනකොට විෂ්ණු දෙවියෝ ඇවිල්ලා මල් මාලයක් දාලා වැන්දා කියලා. ඒ මෝහනය. මෝහෙන් මුළා වෙලා. භාවනාව දීපු හාමුදුරුවොත් කියලා දැන් අනාගාමී කියලා. තව අම්මා කෙනෙක් කිව්වා භාවනා කරගෙන යද්දි මහාබ්‍රහ්මයා ඇවිල්ලා වැන්දාලු. එහෙනම් මහා බ්‍රහ්මයාට අසනීපයක්. මේ වගේ මං මුළා වෙච්ච කතා අපිත් එක්ක ඇවිල්ලා කියනවා. අපි ඒවා ගණන් ගන්නෙ නෑ. ගණන් ගන්නේ නැත්තේ ඒවා ධර්මයත් එක්ක ගලපන්ට පුළුවන් කතා නොවන නිසයි.

අපි මහන්සි ගන්නේ මනුස්සයා බුද්ධිමත් කරවන්නයි. නමුත් වෙන්නේ නැත්තෙත් බුද්ධිමත් වීම ම යි. වෙන්නේ මුළාවීම ම යි. එතකොට අපට තේරුම් යනවා මේ කාලේ මනුෂ්‍යයාට යෝනිසෝ මනසිකාරය නැති ප්‍රශ්නයක් නොවැ මේ තියෙන්නේ කියලා. එහෙම හිතෙන්නේ කරුණු සහිතව. මනුස්සයෙකුගේ ගුණවන්තකමේ වර්ධනයක් වුණා නම්, ඒ වර්ධනය වීම ඒ මනුෂ්‍යයාගේ ජීවිතය තුළ හැම තිස්සෙම තියෙන්න ඕනෙ එකක්. අපි ගත්තොත් සඳුන් ගහක සඳුන් අරටුවේ යම් සුවඳක් සුගන්ධයක් තියෙනවා නම් ඒක ඒ සඳුන් අරටුවේ හැම තිස්සෙම තියෙන එකක්.

මායාව ඉක්මවා සත්‍යය කරා....

ඊළඟට අපි කියමු ඔන්න අරලිය ගහක් තියෙනවා. කවුරුහරි ඒ අරලිය ගහට පිහියකින් ඇන්නොත් කිරි වැක්කෙරෙනවා. කෙනෙක් මේ අරලිය ගහ උදුරලා අව්වෙ දානවා. එතකොට ඒ අරලිය ගහ වේලිලා අර කිරි නැතුව යනවා. ඊට පස්සේ අරලිය ගහ කෑ ගහලා කියන්න ඕනෙ නෑ මගේ ඇඟේ දැන් කිරි නැත කියලා. කවුරුහරි කොටලා බැලුවොත් හොඳට පේනවා කිරි නෑ කියලා. එහෙනම් ඒක මායාවක් නෙවෙයි. ඒක ඇත්තක්. ධර්මය පුරුදු කරනවා කියන්නේ ඒ වගේ එකක්. මේක මායාවක් නෙවෙයි, මුළාවක් නෙවෙයි, රැවටීමක් නෙවෙයි. හැබැයි මේ කාලේ ඒකට වුවමනා කරන බුද්ධිමත් භාවය ලබන්ට මනුෂ්‍යයා තුළ ගුණවන්තකමක් නෑ. ඒක තමයි මේ කාලේ මනුෂ්‍යයාට වැදිලා තියෙන සාපය. මේ කාලේ ඕනෑ තරම් ධර්ම කථාව තියෙනවා. ඒ නිසා අපි ඉවසගෙන ධර්මය පුරුදු කරන්න ඕනෙ.

දුර්ගුණ තියෙන්නේ දුගතියට යන්ටයි....

භාග්‍යවතුන් වහන්සේ ජීවමානව වැඩ සිටිය කාලේ බෞද්ධයෝ කේන්දර පස්සෙ ගියෙත් නෑ, නැකැත් පස්සෙ ගියෙත් නෑ, දේවාල පස්සෙ ගියෙත් නෑ, අනවින කොඩිවින හදිහූනියම් පස්සෙ ගියෙත් නෑ. තෙරුවන් සරණේ මනාකොට පිහිටලා අහපු බණ පදය මෙනෙහි කරගෙන හිටියා. දැන් කාලේ එහෙම නෑ. දැන් කාලේ හරීම විකෘතියි, සංකීර්ණයි, අවුල් සහගතයි. ඒ නිසා බුද්ධ කාලේ හිටිය මිනිස්සුන්ගේ ගතිගුණ මේ කාලේ මිනිස්සුන්ට නෑ. ඒක හරිම පැහැදිලියි.

ඒ නිසා මේ කාලේ මිනිස්සු වඩාත් පරිස්සම් විය යුතුයි. මේ කාලෙ ගතිගුණ තියෙන්නේ සුගතියට නෙවෙයි, දුගතියට යි. සතර අපායට යන්ටයි ගතිගුණ පිහිටලා තියෙන්නෙ. දෙවියන් අතරේ යන්ට නෙවෙයි. ඒ නිසා මේ කාලේ මනුස්සයා ධර්මය ඉගෙන ගත්තාට පස්සේ වඩාත් ගුණවන්ත විය යුතුයි. වඩාත් ඉවසිලිවන්ත විය යුතුයි. වඩාත් කල්පනාකාරී විය යුතුයි.

භය වෛර ඇතිවන කරුණු පහ....

ඉතින් බුදුරජාණන් වහන්සේ භය වෛර ඇතිවෙන කරුණු පහ සංසිඳෙනවා කියන්නේ මොකක්ද කියලා දැන් අනේපිඬු සිටාණන්ට පැහැදිලි කරලා දෙනවා. "ගෘහපතිය, ප්‍රාණඝාතයේ යෙදෙන කෙනා ඒ ප්‍රාණඝාතය මුල් කරගෙන මෙලොවදී ම භය වෛර උපද්දවා ගන්නවා." දැන් අපි කියමු ගමක මිනීමැරුමක් වුණා. මරපු කෙනා භයට පත්වෙලා ගමෙන් පනිනවා. එයා කෙරෙහි අනිත් මිනිස්සු තුළ භය වෛර හටගන්නවා. අනිත් පිරිස අවි ආයුධ අමෝරාගෙන මිනීමරුවාව හොයාගෙන එනවා. මෙලොවදී ම භය වෛර හටගන්නවා කියන්නේ ඒකටයි. **(සම්පරායිකම්පි භයං වේරං පසවති)** ඊළඟට මරණින් මත්තෙත් එයාට භය වෛරවලට මුහුණ දෙන්ට සිද්ධ වෙනවා. මොකද හේතුව, ප්‍රාණඝාත කරපු කෙනා මරණින් මත්තේ නිරයේ යනවා.

මේ කාලේ කාම කෝපය බහුලයි....

අපට පැහැදිලිව ම පේනවා මේ කාලේ මිනිස්සුන්ගේ කාම කෝප බහුලයි. ඊළඟට ෆේස්බුක් ආදියෙන් තරුණ වයසේ ළමයි අශීලාචාර වෙලා.

නුසුදුසු අවස්ථාවේ තරුණ ගෑණු ළමයි ගැබ් ගන්නවා. සමාජයෙන් ඉඩක් නෑ දරුවා හදන්න. ඒ ළමයි මොකද කරන්නෙ, දරුවා නසනවා. එතකොට තරුණ වයසෙදි ම එයා මනුස්ස ඝාතන අකුසල කර්මය රැස් කරනවා. එහෙම කරලා කාටවත් නොකියා හංගගෙන ඉන්නවා. ඒ වුනාට තමන්ගේ හිතේ මේක තියෙනවා. මරණාසන්න වෙද්දි ඒ කර්ම විපාකය එනවා. භය වෛර හටගන්නවා. මරණින් මත්තෙ ගිහින් නිරයේ උපදිනවා. උපනුපන් ආත්මයේ මව්කුසේ මැරෙනවා. මනුෂ්‍ය ඝාතනය මහා භයානක එකක්.

ඊළඟට ප්‍රාණඝාතය නිසා **(චේතසිකම්පි දුක්ඛං දෝමනස්සං පටිසංවේදයති)** මනසින් දුක් දොම්නස් විඳ විඳ තමයි වාසය කරන්නේ. ගබ්සාවලින් දරුවන් නැසීමේ ආදීනව ගැන කියද්දි තමන්ගේ අතිනුත් ඒ දේ කෙරිලා නම් එයාට ෂොක් එකක් වදිනවා. එයාගේ මනසට දුක් දොම්නස් එනවා. භය වෛරය ඇති වෙනවා. ඊළඟට ඒක දිගින් දිගට සංසාරෙට යනවා. නමුත් ප්‍රාණඝාතයෙන් වැළකුණු කෙනාට ඒ විදිහට භය වෛර හටගන්නේ නෑ කියලා බුදුරජාණන් වහන්සේ වදාළා.

සොරකමේ ආදීනව....

ඊළඟට බුදුරජාණන් වහන්සේ දේශනා කරනවා "ගෘහපතිය, සොරකම් කරන තැනැත්තා සොරකම් කිරීම හේතුවෙන් මෙලොවදී ම භය වෛරයන්ට පාත්‍ර වෙනවා." සොරකම් කරපු පුද්ගලයන් තමන්ව නීතියේ රැහැනට අහුවෙයි කියන භයෙනුයි හැංගිලා හිටියත් ඉන්නේ. 'අසවල් කෙනා සොරකම් කරලා හිරගත කළා, අසවල් කෙනා සොරකම් කරලා දඬුවම් ලැබුවා,

අසවල් කෙනා සොරකම් කරලා මේ මේ ආකාරයේ වධ බන්ධනයන්ට ලක් වුණා' කියලා ආරංචි වෙනකොට ම සොරා තැති ගන්නවා, භයට පත් වෙනවා, කම්පා වෙනවා. අන් අය දැනගත්තොත් අසවලායි මේ සොරකම කළේ කියලා, ඒ සොරාව අන් අයගේ ග්‍රහණයට ලක් වෙනවා, දඬුවමට ලක් වෙනවා. ඊළඟට සොරකම් කරන කෙනා මරණින් මත්තේ ගිහින් උපදිනවා නිරයේ. නිරයේ උපන්නාට පස්සෙත් අනේකප්‍රකාර වධබන්ධයන්ට ලක් වෙනවා. ඊළඟට මානසිකවත් දුකින් දොම්නසින් තමයි වාසය කරන්න වෙන්නෙ. හැබැයි සොරකම් නොකරපු එක්කෙනාට ඒ භය නෑ කිව්වා.

හිරි ඔතප් නැතුව යනවා....

ඊළඟ භය වෛර හටගන්න කරුණ තමයි කාමයේ වරදවා හැසිරීම. වර්තමානයේ එන්න එන්න ම භයානක විදිහට කාමයේ වරදවා හැසිරීමේ වැඩිවීමක් තියෙනවා. බුදුරජාණන් වහන්සේ දේශනා කළා, අනාගතයේ මිනිසුන්ගේ ආයුෂ අඩු වේගෙන අඩු වේගෙන යනකොට මේ මිනිස්සු තිරිසන්නු වගේ වෙනවා කිව්වා. බල්ලෝ බළල්ලු වගේ වෙනවා කිව්වා. 'මේ මව්... මේ පියා... මේ වැඩිහිටි සහෝදරයා... මේ වැඩිහිටි සහෝදරිය... මේ ගරු කළ යුත්තා...' කියන කල්පනාව නැතුව ගිහිල්ලා තමන්ගේ දාහය නිවාගන්න තමයි කල්පනා කරන්නේ.

අනාගතයේ මනුෂ්‍යයාගේ ආයුෂ අඩුවෙනකොට අන්න ඒ මට්ටමට එනවා කිව්වා. බුදුරජාණන් වහන්සේ වදාළා වැරදි කාමසේවනය හේතුවෙනුත් භය වෛරය හටගන්නවා කියලා. ගිහි ගෙවල්වල වාසය කරන ඔබ හොඳටම දන්නවා මේ ප්‍රශ්නෙ. වැරදි කාම සේවනය

හේතුවෙන් ගෙවල්වල සමඟිය නැතුව යනවා, සැකය හටගන්නවා, උයාගත්තු බත් ටික සැනසිල්ලේ කන්ට නෑ, සණ්ඩු සරුවල් ඇති වෙනවා, නින්දා අපහාස ඇති වෙනවා, බැනගන්නවා, ගහගන්නවා, ගැරහුම් ලබනවා, පොලීසි ගානේ යනවා, නඩුහබවලට පාත්‍ර වෙනවා, කෙළවරක් නෑ.

කාම මිථ්‍යාචාරයේ භයානක විපාක....

ඒ වගේම වැරදි කාම සේවනය නිසා මරණින් මත්තේ භයානක විපාකවලට මුහුණු දෙන්න වෙනවා. නිරයේ දුක් විඳලා විඳලා ඉවර වෙලා, ගොඩාක් අය ඊළඟට උපදින්නේ ගූථ නරකයේ. ගූථ කියලා කියන්නේ අසූචි. ගූථ නරකයේ සම්පූර්ණයෙන් ම තියෙන්නෙ අසූචි. පළාත ම ගන්ධස්සාරෙ බෑ. ඒ අසූචි වලේ ඉපදිලා පණුවන්ට ආහාර වෙනවා. ඇයි අසූචිවලට නේ මේ පොරේ අල්ලන්නෙ. ඒ නිසා එහේ තමයි ගිහිල්ලා උපදින්නෙ. ඒ වගේම බුදුරජාණන් වහන්සේ වදාළා කාම මිථ්‍යාචාරය හේතුවෙන් මානසිකවත් දුක් දොම්නස් විඳ විඳ වාසය කරන්න වෙනවා කියලා.

මස් ලේ නැති ඇට බලු ලෙවකන්නේ....

කාම මිථ්‍යාචාරයේ හැසිරෙන කෙනා ඒකෙන් සෑහීමකට පත්වෙන්නේ නෑ. එයාට ඒක එපා වීමක් වෙන්නේ නෑ. ජරාවට පත්වෙලා ශරීරය දුර්වල වූ පමණින් සිත සෑහීමකට පත්වෙන්නේ නෑ. සුනඛයෙක් මස් ලේ නැති ඇට කැබැල්ලක් ලෙව කකා ඉන්නවා වගේ හිතෙන් කාමය මවාගෙන, ඒ මවාගත්තු කාමය පස්සේ ම දුවනවා. නුවණින් විමසලා හිතෙන් අත්හරිනකම්

ම මේකෙ ඇතිවීමක් නෑ. හැබැයි කාමයේ වරදවා හැසිරීමෙන් වෙන් වෙලා වාසය කරන කෙනෙකුට මේ කියපු ප්‍රශ්න එකක්වත් නෑ.

බුදුරජාණන් වහන්සේ පෙන්වා දෙනවා භය වෛර ඇතිවෙන මීළඟ කාරණය තමයි බොරු කීම. ඔබ දන්නවා බොරු කීම කියන්නේ බුදුරජාණන් වහන්සේ නිතර පිළිකුල් කරපු එකක්. ජාතක පොත් වහන්සේ කියවද්දී අපට පේනවා පෙර ජීවිතවලදී බෝධිසත්වයන්ගේ අතින් ප්‍රාණඝාතය වෙලා තියෙනවා. බෝධිසත්වයන්ගේ අතින් හොරකම් වෙලා තියෙනවා. බෝධිසත්වයන්ගේ අතින් වැරදි කාමසේවනය වෙලා තියෙනවා. හැබැයි බොරු කීම වෙලා නෑ.

මුසා පැවසීමේ ආදීනව....

බොරු කීම ගැන බුදුරජාණන් වහන්සේ දේශනා කරලා තියෙන්නේ "මහණෙනි, බොරු කියන කෙනාට නොකළ හැකි පාපයක් නෑ" කියලයි. බොරු කියන කෙනා ඕනම පවක් කරනවා. බොරු කියන කෙනාට බොරු කීම හේතුවෙන් මෙලොවදී ම භය වෛර හටගන්නවා. බොරු කියන කෙනා කෙරෙහි තියෙන විශ්වාසය නැතුව යනවා. බොරු කියන කෙනාත් සමග ගණුදෙනු කිරීම, කතාබස් කිරීම හැම දෙයක් ම අනතුරුදායක වෙනවා. පරලොව ඒකාන්තයෙන් ම නිරයේ උපදිනවා. ඊළඟට හිතේ කිසිම සතුටක් හටගන්නෙ නෑ බොරු කියන කෙනාට. එයා හිනා වෙලා ලෝකෙට පෙන්නයි සතුටින් ඉන්නවා වගේ. හැබැයි හිත ඇතුලේ සතුටක් නෑ. බුදුරජාණන් වහන්සේ වදාළා බොරුකීමෙන් වැළකිලා ඉන්න කෙනාට ඒ ප්‍රශ්න මුකුත් නෑ කියලා.

මත්ද්‍රව්‍ය උවදුර....

ඒළඟට භය වෛර හටගන්න පස්වෙනි කාරණය හැටියට බුදුරජාණන් වහන්සේ වදාළේ මත්පැන් මත්ද්‍රව්‍ය භාවිතා කිරීම. මෙලොවදී ම බොහෝ අර්බුද, භය, වෛර හටගන්නවා මේ මත්ද්‍රව්‍ය භාවිතයෙන්. මට හිතාගන්න බෑ, මේ පුංචි රටේ දිනපතා පුවත්පත්වලින් නිව්ස්වලින් මත්ද්‍රව්‍ය වැටලීම් ගැන දැනගන්ට ලැබෙනවා. වැටලීම්වලට මෙච්චර අහුවෙනවා නම් හසුනොවී කොයිතරම් මත්ද්‍රව්‍ය තොගයක් මේ රටට එනවා ඇද්ද.

ජීවිතේට අහලා නැති මත් පෙති වර්ග, ජීවිතේට අහලා නැති මත්ද්‍රව්‍ය වර්ග කිලෝ සිය ගණනින් මේ රටට එනවා. තැන් තැන්වල හංගගෙන විකුණනවා. පාසැල් දරුවන්ගේ ඉඳලා වැඩිහිටියන් දක්වා ම මේවාට ඇබ්බැහි වෙලා ඉන්නවා. සමහර පාසැල්වල ගුරුවරුන්ට ළමයින්ව පාලනය කරගන්න බැරි තත්වයකට පත්වෙලා තියෙනවා මේ මත්ද්‍රව්‍ය නිසා. මත්ද්‍රව්‍ය නිසා හටගන්න සමාජගත අර්බුද මෙතෙකැයි කියන්න බෑ.

කතාව වීරයි, ක්‍රියාව නීචයි....

මට එක කතාවක් අහන්න ලැබුනා, මත්ද්‍රව්‍යවලට ඇබ්බැහි වෙච්ච කොල්ලෙක් තමන්ගේ මවට නිදිපෙති දීලා, නින්ද යනකල් ඉඳලා මව් සමඟ අසද්ධර්මයේ යෙදිලා තියෙනවා කියලා. දැන් බලන්න මනුස්සයාගේ පිරිහීම කොච්චර ද කියලා. කතා කරනකොට නම් 'අරක මොකටද, මේක මොකටද' කියලා බුදුන්ට ගරහලා, තුනුරුවන්ට ගරහලා තමයි කතා කරන්නෙ මහ ලොකු වීරයො වගේ. නමුත් ක්‍රියාවෙන් නීචයි. කටින් විතරයි ඔක්කොම තියෙන්නේ. ක්‍රියාවෙන් අන්තිම පහත්.

පරම්පරාවට ම සහ ගහනවා....

ඒ නිසා මේ මත්පැන් මත්ද්‍රව්‍ය භාවිතා කිරීම, භාවිතයට අනුබල දීම, භාවිතයට රුකුල් දීම කවුරු හරි කරනවා නම් ඒ සියලු දෙනා භයානක අකුසල් රැස් කරනවා. ඊළඟට ඒ සියලු දෙනාගේ දරු පරම්පරාවලටත් සහගහනවා. හොඳට බලන්න, ඔය මත්පැන් මත්ද්‍රව්‍ය ආදිය විකුණලා ජීවත් වෙන අයගේ දරු පරම්පරාව ම ඉවරයි. යහපත් පවුල් විනාශ කරලා, කඩාකප්පල් කරලා, නැති කරලා දැමීම නිසා පරම්පරාවට ම සහගහනවා. මරණින් මත්තේ නිරයේ යනවා.

උපනුපන් ආත්මයේ මන්දබුද්ධික වෙනවා. ප්‍රඥා රහිතව උපදිනවා. හොඳ - නරක තෝරාගන්න බැරිව උපදිනවා. සත්පුරුෂයා - අසත්පුරුෂයා හඳුනාගන්න බැරිව උපදිනවා. නුවණ නැතිව උපදිනවා. ඇත්ත කියලා බොරුව පිළිගන්නවා. බොරු කියලා ඇත්ත අතාරිනවා. මේවා තමයි මත්ද්‍රව්‍ය භාවිතයේ විපාක. බුදුරජාණන් වහන්සේ පෙන්වා දෙනවා මත්පැන් මත්ද්‍රව්‍ය භාවිතයෙන් වැළකුණු කෙනාට මේ ප්‍රශ්න මොනවත් නෑ කියලා. මේවා තමයි භය වෛර ඇති කරන කරුණු පහ.

තමන්ට තමන් වංචා කරගැනීම....

දැන් බලන්න හිතලා, අපේ රටේ පොඩි කාලේ ඉස්කෝලේ ඉඳලා ම පන්සිල් සමාදන් වෙනවා. සෑම කටයුත්තක් පටන්ගන්න කලින් ම පන්සිල් ගන්නවා. තොවිලයක් නටන්න කලිනුත් පන්සිල් ගන්නවා. නමුත් රකින්න කවුරුත් නෑ. රැකීමක් ගැන කවුරුත් කතා කරන්නෙත් නෑ. තමන්ට තමන් වංචා කරගෙන ජීවත්

වෙනවා. හැබැයි පොඩ්ඩක් එහාට මෙහාට වෙනකොට කට හැකරකමින් ගරහන්ට නම් ඕනතරම් දත කට මැදගෙන ඉන්නවා.

ධර්මය කතාවට විතරක් සීමා වෙලා....

ඇත්ත වශයෙන් ම දැන් අපේ මුළු ජාතිය ම හිඟන්නෝ ගාණට වැටිලනෙ ඉන්නේ. ලක්ෂ ගාණක් අපේ අම්මලා මැදපෙරදිග ගිහිල්ලා මිසදිටුවන්ගේ කක්කුස්සි හෝදනවා. මෙහේ ඇවිල්ලා මහා ඉහළින් කතා කරනවා. ඊළඟට කෙළවරක් නැතුව ලෝකෙට ණය වෙලා. කුඹුරු වතුපිටි එහෙන් පාළු වෙලා. ගමක් ගානෙ හොරු, සල්ලාලයෝ. එහෙන් කෙළවරක් නැතුව අනවින කොඩිවින හදිහූනියම්. ගමක් ගානෙ සාස්තර පොලවල්. කේන්දර නැකැත් බලාගත්තු ගමන්.

මේ භය වෛර ඇති කරන කරුණු පියවරක් ගානේ පේනවනෙ. ඒකෙන් අපට පේන්නේ මොකක්ද, භාග්‍යවතුන් වහන්සේගේ ධර්මය කතාවට විතරක් සීමා වෙලා. ක්‍රියාවට ළං කරගෙන නෑ. ඒ සාපෙ තමයි වැදිලා තියෙන්නෙ. බුදුරජාණන් වහන්සේ වදාළා යම්කිසි කෙනෙක් පංච සීලයේ මනාකොට පිහිටා සිටිනවා නම් භය වෛර ඇති වන කරුණු එයාට නෑ කියලා.

සෝවාන් කෙනෙකුට පිහිටන අංග....

ඊළඟට උන්වහන්සේ විස්තර කරනවා සෝතාපත්ති අංග හතර ගැන. සෝතාපත්ති අංග කියලා කියන්නේ සෝවාන් කෙනෙකුට පිහිටන අංග. සෝවාන් කෙනෙකුට පිහිටන ප්‍රථම අංගය තමයි **(බුද්ධෙ අවෙච්චප්පසාදේන සමන්නාගතෝ හෝති)** බුදුරජාණන්

වහන්සේ කෙරෙහි නොසෙල්වෙන ප්‍රසාදයෙන් යුක්තයි. කිසිම කෙනෙකුට සොලවන්ට බැරි, වෙනස් කරන්ට බැරි සිතේ පැහැදීමක් එයා තුළ තියෙනවා. තමන්ගේ යෝනිසෝ මනසිකාරයෙනුයි ඒ පැහැදීම ඇති කරගෙන තියෙන්නේ. ඒක කොපියක් නෙවෙයි, තමන් තුළ පිහිටපු එකක්. යෝනිසෝ මනසිකාරය නැති කෙනාට කරුණු කියලා කියලා සැක උපද්දවන්න පුළුවන්. යෝනිසෝ මනසිකාරය තියෙන කෙනාගේ යෝනිසෝ මනසිකාරය වැඩ කරනවනෙ. එතකොට කරුණු සහිතව තමයි ශාස්තෘන් වහන්සේ ගැන හිත පහදවගන්නෙ.

තුනුරුවන්ට දිවි පිදීම....

ඒ කෙනා කල්පනා කරන්නේ පින්වත්නි, මෙලොව ගැන නෙවෙයි. එයා ඕන වෙලාවක මෙලොව අතහරින්න සූදානම්. ධර්මයේ මනාකොට පිහිටපු කෙනා මෙලොව පැවැත්ම පිණිස තුනුරුවන් අතාරින්නෙ නෑ. එයා තුනුරුවන්ගේ පිහිටලා මෙලොව පැවැත්ම අතහරිනවා. අද මේ බෞද්ධ කියන බොහෝ දෙනෙකුට ධර්මය පිළිබඳ සාමාන්‍ය දැනීමවත් නෑ. මට එක ස්වාමීන් වහන්සේ නමක් කිව්වා ඒ ස්වාමීන් වහන්සේගේ ආරණ්‍යයට ආපු වයසක උපාසක මහත්තයෙක් ඇහුවාලු "ස්වාමීන් වහන්ස, ඉස්සෙල්ලාම මේ බුදු පිළිම හදලා තියෙන්නේ සකලං කියලා රජ්ජුරු කෙනෙක් නේද?" කියලා.

ස්වාමීන් වහන්සේ ඇහුවලු ඇයි එහෙම අහන්නේ කියලා. එතකොට කිව්වලු "අර වන්දාමි චේතියං සබ්බං ගාථාවේ අවසානයට බුද්ධ රූපං සකලං සදා කියලා තියෙන්නේ. ඒ සකලං කියන්නේ රජ්ජුරුවන්ගේ නම නේද?" කියලා. වයසට ගිය උපාසක මහත්තුරු වෙලත්,

ප්‍රධාන දායකයෝ වෙලත් අඩුම ගානේ සාමාන්‍ය දැනීමවත් නෑ. නොසෙල්වෙන පැහැදීම ගැන කවර කතාද? සකලං කියන එකේ තේරුම සියලු කියන එකයි.

මිනිසුන්ගේ උඩඟු කථා....

ඒකයි මම කිව්වෙ පින්වත්නි, මේ මිනිස්සුන්ගේ උඩඟු කතා නම් තඹේකට වැඩක් නෑ. ඇයි හේතුව, ධර්මඥානයක් සාමාන්‍ය වශයෙන්වත් නෑ. සාමාන්‍ය වශයෙන්වත් දහම් දැනුමක් නැති වුණාට පස්සේ මේ මිනිස්සුන්ව කළඹලා ගන්නවා කියන එක සුළු දෙයක්. බුදුරජාණන් වහන්සේ දේශනා කරනවා ආර්ය ශ්‍රාවකයා කොහොමද භාග්‍යවතුන් වහන්සේ කෙරෙහි නොසෙල්වෙන ප්‍රසාදයෙන් ඉන්නේ කියලා. **(ඉතිපි)** මේ ආකාරයෙන් **(සෝ භගවා)** ඒ භාග්‍යවතුන් වහන්සේ. 'භාග්‍යවත්' කියලා කියන්නේ සම්මා සම්බුදුරජාණන් වහන්සේ නමකට ම හිමි එකක්. ඒක ලෝකයේ වෙන කිසිම කෙනෙකුට භාවිතා කරන්න සදාචාරාත්මක අයිතියක් නෑ.

නව අරහාදී සම්බුදු ගුණ....

ඒ භාග්‍යවතුන් වහන්සේ **(අරහං)** රාග - ද්වේශ - මෝහ රහිත නිකෙලෙස් කෙනෙක්. **(සම්මා සම්බුද්ධෝ)** ස්වයංභූ ඥාණයෙන්, තමන් වහන්සේ විසින් ම උපදවාගත්තු ඥානයෙන් යුක්තයි, අවබෝධයෙන් යුක්තයි. **(විජ්ජාචරණ සම්පන්නෝ)** තමන් වහන්සේ තුළ උපදවාගත්තු විද්‍යාවෙන් සහ හැසිරෙන ගුණයෙන් යුක්තයි. **(සුගතෝ)** තමන් වහන්සේ ම පුරුදු කරපු, ප්‍රගුණ කරපු ගුණයෙන් යුක්තයි. **(ලෝකවිදූ)** සියලු ලෝකයන්

කෙරෙහි මනා අවබෝධයෙන් යුක්තයි. (අනුත්තරෝ පුරිසදම්ම සාරථී) මේ ලෝකයේ පුද්ගලයන්ව දමනය කිරීමෙහි අග්‍රයි.

තුන් ලොවෙහි ම ශ්‍රේෂ්ඨ මනුෂ්‍ය රත්නය....

අද උදේ අපි ඉගෙන ගත්තනෙ බුදුරජාණන් වහන්සේ අලව් යකා දමනය කරපු විදිහ. වෙන කෙනෙක් ගියා නම් කැලිවත් හම්බ වෙන්නෙ නෑ. ආලවක කෑ ගහනකොට භය බිරාන්ත වෙලා මිනිස්සුන්ගේ ශරීරයේ කෙස්වල පටන් මුළු ශරීරය ම වෙඬරු පිඬක් වගේ උණු වෙලා යනවා. ඊට පස්සෙ යකාට තියෙන්නෙ ඉස්ම උරලා හපේ විසිකරන්න විතරයි. අලව් යකා අච්චර දේවල් කරලත් බලන්න ඒ අනුත්තරෝ පුරිසදම්මසාරථී ගුණයේ බලයට අවනත වෙන්ට වුනා නොවැ.

ඊළඟට (සත්ථා දේවමනුස්සානං) දෙවියන්ගේත් මිනිසුන්ගේත් ශාස්තෲන් වහන්සේ. (බුද්ධෝ) අවබෝධ කරපු දෙය අන් අයට අවබෝධ කෙරෙව්වා. (භගවා) මේ සියලු ගුණ දරන්න භාග්‍යවන්තයි. මේ ගුණයන් වෙන් වෙන් වශයෙන් හඳුනාගෙන බුදුරජාණන් වහන්සේ කෙරෙහි ලොකු චිත්තප්‍රසාදයකින් ඉන්නවා සෝවාන් කෙනා. ඒ තමයි සෝවාන් වෙච්ච කෙනාගේ ප්‍රථම සෝතාපත්ති අංගය.

නොපැහැදුනු මිනිසුන්ගේ ප්‍රශ්න....

පැහැදීමට ආපු නැති එක්කෙනාගේ අංගය තමයි ඇද සෙවීම. අදත් ඔය ඇහුවේ සමහරු 'මොකද මේ ආලවක මිනිස්සුන්ව බිලිගන්න ඉස්සෙල්ලා බුදුරජාණන් වහන්සේ මේ වැඩේට අත ගැහුවෙ නැත්තේ...?

අංගුලිමාලගේ සිද්ධියේදී අංගුලිමාල දහස් ගාණක් මිනිස්සු මරණකම් බුදුරජාණන් වහන්සේ ඒ ප්‍රශ්නෙට මැදිහත් වුණේ නැත්තේ මොකෝ?' කියලා. පැහැදීම නෙවෙයි ඒ. නොපැහැදීම. පැහැදීම කියන්නේ මේ ගුණයන් වෙන් වෙන් වශයෙන් මෙනෙහි කරලා සිතේ උපදවා ගන්න සතුටයි. තමන්ට යෝනිසෝ මනසිකාරය තියෙනවා නම් ඒක කරගන්න පුළුවන්.

යෝනිසෝ මනසිකාරය තියෙන එක්කෙනා මේ නව අරහාදී බුදුගුණ මෙනෙහි කරලා හිත පහදවාගෙන, හිතේ අසාමාන්‍ය ප්‍රීතියක් උපදවා ගන්නවා 'අනේ මගේ ශාස්තෘන් වහන්සේ මේ මේ ගුණයන්ගෙන් යුක්තයි' කියලා. එතකොට එයාට අනිත් ආගම්, අනිත් ඇදහිලි, ඔය ඉන්දියන් භූත කොටස් ඔක්කොම පේන්නේ කළාමැදිරි එළි වගේ. භාග්‍යවතුන් වහන්සේව පේන්නේ හිරු මඬල වගේ. ඒක කරගන්න බැරි නම් ඉතින් අපට කරන්න දෙයක් නෑ.

බුදු සසුන කෙරෙහි අපේක්ෂා නසන මග....

ඊළඟට බුදුරජාණන් වහන්සේ වදාරනවා "ගෘහපතිය, ආර්ය ශ්‍රාවකයා **(ධම්මේ අවෙච්චප්පසාදේන සමන්නාගතෝ හෝති)** ධර්මය කෙරෙහිත් නොසෙල්වෙන පැහැදීමෙන් යුක්ත වෙනවා." මේ කාලේ ඔය අනිත්‍ය - දුක්ඛ - අනාත්ම ත්‍රිලක්ෂණය, පටිච්ච සමුප්පාදය ආදිය විකෘති කරමින්, පාලි වචනවලටත් සිංහල වචනවලටත් විකෘති අර්ථ විස්තර දෙමින් බණ රැල්ලක් යනවනෙ. මිනිස්සුත් රොද බැඳගෙන යනවා ඒක අහන්න. මොකද හේතුව, ඒ එකෙක්වත් මේ සෝතාපත්ති අංගයන්ගේ අහලකට ඇවිල්ලා නෑ. අඩු ගණනේ සද්ධානුසාරී වෙලාවත් නෑ.

තව මෝඩ කොල්ලෝ සෙට් එකක් ඒකට එකතු වෙලා, ඒවා රෙකෝඩ් කරලා ෆේස්බුක් එකට දදා, යූටියුබ් එකට දදා ඩෙංගා නටනවා. ඇයි මේ, අන්ධබාල පෘථග්ජනකම. තිසරණයේ පිහිටා නැතිකම. මේ දේශනාවේ විස්තර වෙනවා ධර්මය කෙරෙහි නොසෙල්වෙන චිත්ත ප්‍රසාදයෙන් යුක්ත වෙන්නේ කොහොමද කියලා. එයා අවබෝධ කරගන්නවා **(ස්වාක්ඛාතෝ භගවතා ධම්මෝ)** භාග්‍යවතුන් වහන්සේ විසින් මේ ධර්මය මනාකොට වදාරලා තියෙනවා කියලා.

ලැප්ටොප් බණ....

ඔය අලුත් ධර්ම ප්‍රචාරක සෙට් එක ධර්මය කෙරෙහි හිත පහදවන්නෙ නෑ. ඒගොල්ලෝ කියන්නේ 'ධර්මය ඉගෙන ගන්න එපා, ඒක වධයක්. ඕවා මතක තියාගන්නත් එපා, ඒක වධයක්. අර්ථය අරගෙන මේකත් අතඅරින්න' කියලා කියනවා. ලැප්ටොප් එකක් ගෙනල්ලා ඒකෙන් කෑලි උපුට උපුට කියනවා. එතකොට අහගෙන ඉන්න මෝඩ සෙට් එක ඒක අල්ල ගන්නවා. මොකද හේතුව, ධර්මයේ අවෙච්චප්ප්‍රසාදය නැතිකම.

ධර්මය ඉගෙනගත යුතු ආකාරය බුදුරජාණන් වහන්සේ කියා දීලා තියෙනවා. ඉස්සෙල්ලාම හොඳට අහගෙන ඉන්න ඕනෙ **(සුතා)**. අහන ධර්මය මතක තබා ගන්න ඕනෙ **(ධතා)**. වචනයෙන් පුරුදු කරන්න ඕනෙ **(වචසා පරිචිතා)**. ඊළඟට මනසින් මෙනෙහි කරන්න ඕනෙ **(මනසානුපෙක්ඛිතා)**. ඒකට තමයි යෝනිසෝ මනසිකාරය කියන්නේ. ඊළඟට කාරණය මනාකොට වටහාගන්න ඕනෙ **(දිට්ඨියා සුප්පටිවිද්ධා)**. මේ විදිහට තමයි ධර්මය ඉගෙන ගෙන තියෙන්නේ ඒ කාලේ.

සිරි සදහම් ගුණ....

මේක අටුවාවල තියෙන විස්තරයක් නෙවෙයි. බුද්ධ දේශනාවල ම තියෙන එකක්. ඔය විදිහට ධර්මය ඉගෙන ගත්තොත් එයා තේරුම් ගන්නවා "අනේ ඒකාන්තයෙන් ම මේ ධර්මය **(ස්වාක්ඛාතෝ භගවතා ධම්මෝ)** භාග්‍යවතුන් වහන්සේ විසින් මනාකොට වදාරණ ලද්දක් ම යි" කියලා. ධර්මයේ ඊළඟ ගුණය **(සන්දිට්ඨිකෝ)** සාන්දෘෂ්ටිකයි. මේ ජීවිතයේදී ම යහපත කරා ගෙනියන එකක්. **(අකාලිකෝ)** ඒ ධර්මය පුරුදු පුහුණු කරන කෙනාට ඕනෑම කාලයක යහපත් විපාක ලබා දෙන දෙයක්. **(ඒහිපස්සිකෝ)** ඇවිත් බලන්න කියලා පෙන්වා දිය හැකි එකක්. **(ඕපනයිකෝ)** තමා තුළට පමුණුවා ගත යුතු එකක්. **(පච්චත්තං වේදිතබ්බෝ විඤ්ඤූහි)** නැණවත්හු තම තමන්ගේ නුවණින් ප්‍රත්‍යක්ෂ කරගත යුතු එකක්.

අකාලිකයි සිරි සදහම්....

මම ඔබට පොඩි උදාහරණයක් කියන්නම්. බුදුරජාණන් වහන්සේ වදාරලා තියෙනවා රාගය ඇති වෙන්න කරුණු දෙකක් හේතු වෙනවා කියලා. එකක් සුභ නිමිත්ත, අනික අයෝනිසෝ මනසිකාරය. මේක කලින් කලට වෙනස් නොවන අකාලික ධර්මයක්. ඕනම කෙනෙකුට මේක තමන් තුළින් ම අත්දකින්න පුළුවන්. ඊළඟට දේශනා කරනවා රාගය ප්‍රහාණය වීමට කරුණු දෙකක් උපකාරී වෙනවා කියලා. ඒ තමයි අසුභ නිමිත්තත් යෝනිසෝ මනසිකාරයත්. නුවණින් යුක්තව අසුභය මෙනෙහි කළොත් රාගය ප්‍රහාණය වෙනවා කිව්වා.

ද්වේෂය හටගන්න හේතු වෙන්නේ පටිඝ නිමිත්තත්, අයෝනිසෝ මනසිකාරයත්. අයෝනිසෝ මනසිකාරයෙන්

පටිඝය ඇතිවන කාරණය මෙනෙහි කර කර ඉන්නකොට ද්වේෂය හටගන්නවා. ද්වේෂය ප්‍රහාණය වෙන්නේ යෝනිසෝ මනසිකාරයෙන් යුතුව මෛත්‍රිය වැඩීමෙන්. මේ විදිහට බුදුරජාණන් වහන්සේගේ දේශනාවේ එකක් එකක් ගානේ පැහැදිලිව තියෙනවා. ධර්මයට පැමිණි කෙනා ඒ ධර්මය ගැන අවෙච්චප්‍රසාදයෙන් යුක්තයි.

සඟ රුවන සතු ගුණ සම්පත්තිය....

ඒ වගේම ආර්ය ශ්‍රාවකයා බුදුරජාණන් වහන්සේගේ ශ්‍රාවක සංඝයා කෙරෙහිත් අවෙච්චප්‍රසාදයෙන් වාසය කරනවා. මොනවද සංඝයා කෙරෙහි හිත පහදවගන්න තියෙන කරුණු? **(සුපටිපන්නෝ භගවතෝ සාවකසංඝෝ)** භාග්‍යවතුන් වහන්සේගේ ශ්‍රාවක සංඝයා මනා පිළිවෙතින් යුක්තයි. ඒ පිළිවෙතට විනයත් තියෙනවා, ධර්මයත් තියෙනවා. සංඝයා විනය ගරුකයි, ධර්ම ගරුකයි. **(උජුපටිපන්නෝ)** භාග්‍යවතුන් වහන්සේගේ ශ්‍රාවක සංඝයා ඍජු ප්‍රතිපදාවෙන් යුක්තයි. ඒ කියන්නේ කයින් වක්‍ර නෑ, වචනයෙන් වක්‍ර නෑ, මනසින් වක්‍ර නෑ. භාග්‍යවතුන් වහන්සේගේ ශ්‍රාවක සංඝයා **(ඤායපටිපන්නෝ)** අවබෝධය ඇති කරන ප්‍රතිපදාවෙන් යුක්තයි. භාග්‍යවතුන් වහන්සේගේ ශ්‍රාවක සංඝයා **(සාමීචිපටිපන්නෝ)** යහපත් වූ ධර්මය කතා කරන ප්‍රතිපදාවෙන් යුක්තයි.

ඒ තමයි සෝවාන්, සකදාගාමී, අනාගාමී, අරහත් මාර්ගඵලලාභී පිරිස. භාග්‍යවතුන් වහන්සේගේ ඒ ශ්‍රාවක සංඝයා **(ආහුනෙය්‍ය)** දන් පැන් අරගෙන ගිහිල්ලා පූජා කරන්න සුදුසුයි. **(පාහුනෙය්‍ය)** ආගන්තුකව වැඩියොත් දන්පැන් පූජා කරන්න සුදුසුයි. **(දක්ඛිණෙය්‍ය)**

පින් සලකාගෙන දන්පැන් පූජා කරන්න සුදුසුයි. (අංජලීකරණීය) වැඳුම් පිදුම් කරන්න සුදුසුයි. (අනුත්තරං පුඤ්ඤක්ඛෙත්තං ලෝකස්ස) ලෝකයට අනුත්තර පින් කෙතයි. මේ තිසරණය කෙරෙහි තිබිය යුතු පැහැදීම කොයි වගේ එකක් ද කියලා තේරුම් ගන්න මම ඔබට හොඳ උදාහරණයක් කියන්නම්.

සුළු ප්‍රශ්නයක් ගිය දුර....

ඔබ දන්නවා බුද්ධ කාලයේ කොසඹෑ නුවර සංඝයා අතර ඇතිවුණු අර්බුදය. කොසඹෑ නුවර ඝෝෂිතාරාමයේ විනය ඉගෙන ගන්න සඟ පිරිසයි, ධර්මය ඉගෙන ගන්න සඟ පිරිසයි කියලා සඟ පිරිස් දෙකොටසක් හිටියා. දවසක් ධර්මය උගන්වන මහතෙරුන් වහන්සේ වැසිකිළි භාජනයට වතුර පුරවගෙන වැසිකිළියට වැඩියා. වැසිකිළි කටයුතු කරලා එළියට එද්දි භාජනයේ වතුර සම්පූර්ණයෙන් ම ඉවත් කෙරුවේ නෑ. පොඩ්ඩක් ඉතිරි වුණා. විනය උගන්වන මහ තෙරුන් වහන්සේ ඊළඟට වැසිකිළියට වැඩියා. ගිහිල්ලා බැලින්නම් භාජනයේ වතුර චුට්ටක් තියෙනවා.

මේක බොහොම සුළු ප්‍රශ්නයක්. නමුත් විනයධර තෙරුන්නාන්සේ ඇහුවා "කවුද මේ භාජනේ වතුර ඉතුරු කළේ?" කියලා. එතකොට අර සූත්‍ර ධර්ම උගන්වන තෙරුන්නාන්සේ "අනේ ඇවැත්නි, මගේ අතිනුයි මේක වුණේ" කිව්වා. "ඉතින් තමුන්නාන්සේ දන්නෙ නැද්ද, මේක වැරැද්දක් නොවැ." "අනේ වැරැද්දක් නම් මම ඒකට වුවමනා කරන ප්‍රතිකර්ම කරන්න ලෑස්තියි. මං මේක දැනගෙන හිටියේ නෑ." කිව්වා. එතකොට විනයධර මහ තෙරුන්නාන්සේ "හා... දැනගෙන උන්නෙ නැත්නම්

කමක් නෑ. මීට පස්සෙ එහෙම කරන්න එපා" කියලා ගියා. ගිහිල්ලා තමන්ගේ ශිෂ්‍යයන්ට කිව්වා "ඔන්න මහ ලොකුවට ධර්මය උගන්වනවා. වැසිකිළි භාජනේ වතුර ඉතුරු කරලා ඇවිල්ලා. ඒක ආපත්තියක් බවවත් දන්නෙ නෑ. ඒකට ප්‍රතිකර්ම කළෙත් නෑනෙ" කියලා.

සංඝයා භේද භින්න වුනා....

එතකොට විනය ඉගෙන ගන්න පොඩි නමලා ගිහිල්ලා සූත්‍ර ඉගෙන ගන්න පොඩි නමලාගෙන් "තමුන්නාන්සේලාගේ ගුරුන්නාන්සේ විනය දන්නෙ නෑ නේද?" කියලා ඇහුවා. ඇයි කියලා ඇහුවා. "වැසිකිළියට ගිහිල්ලා භාජනේ වතුර වුට්ටක් තියලා ඇවිල්ලා නෙ. ඒක ආපත්තියක් නෙ. ඒ වුනාට මේ ආපත්තියට ප්‍රතිකර්ම කරලත් නෑනෙ" කිව්වා. ඒ උන්නාන්සේලා ගිහිල්ලා මහ තෙරුන්නාන්සේට කිව්වා විනයධර භික්ෂූන් මෙන්න මෙහෙම කියනවා කියලා.

එතකොට ඒ තෙරුන්නාන්සේ කිව්වා "අනේ හැබෑට මේ විනය ගරුක තෙරුන්නාන්සේගේ වැඩවල හැටි. මගෙන් ඇහුවට පස්සේ මම කිව්වා මේක මං දැනගෙන හිටියේ නෑ. මං මේකට ප්‍රතිකර්මයක් කරන්නම් කියලා. ඊට පස්සේ කිව්වා දන්නෙ නැත්නම් කමක් නැතෙයි කියලා. දැන් ආයෙ කියනවා වැරැද්දක් වුණාය කියලා. එහෙනම් ඔය විනයගරුකයි කියන එක්කෙනා බොරු කියන කෙනෙක් නෙව" කියලා කිව්වා. මෙහෙනුත් ගිහිල්ලා එහෙට කිව්වා තමුන්නාන්සේලාගේ ලොකු හාමුදුරුවෝ බොරු කියන කෙනෙක් කියලා. ඔය විදිහට ටික ටික දෙපැත්තේ කතාව ගිහිල්ලා මහා රණ්ඩුවක් හටගත්තා. දෙපැත්තට බෙදිලා දැන් බැණ ගන්නවා.

ළඟ නොබලන්න, දුර බලන්න....

මේක අහගෙන ඉඳලා භූමාටු දෙවිවරුත් දෙපැත්තට බෙදුණා. වෘක්ෂ දේවතාවරුත් දෙපැත්තට බෙදුණා. ආකාසවාසී දෙවිවරුත් දෙපැත්තට බෙදුණා. බෙදි බෙදී ගියා. ඔන්න බුදුරජාණන් වහන්සේට මේක ආරංචි වෙලා දෙපාර්ශවය ම කැඳෙව්වා. කැඳවලා කිව්වා "මහණෙනි, ඔය වගේ සුළු දෙයක් අල්ලගෙන රණ්ඩු සරුවල් කරගන්න එපා. දුර බලන්න. ළඟ බලන්න එපා" කියලා දීඝීති කෝසල ජාතකය වදාළා. භාග්‍යවතුන් වහන්සේ කොච්චර අවවාද කළත් ගණන් ගත්තේ නෑ.

එවෙලෙට ඔළුව නවාගෙන අහගෙන ඉඳලා ආයෙ ඇවිල්ලා රණ්ඩුව පටන් ගන්නවා. දෙවෙනි පාරත් කිව්වා, ඇහුවේ නෑ. තුන්වෙනි පාරත් කිව්වා, ඒ ඇහුවෙත් නෑ. ඔය අතරේ භික්ෂුවක් ඇවිල්ලා බුදුරජාණන් වහන්සේට කිව්වා "ස්වාමීනී, ඔබවහන්සේ මේකට මැදිහත් වෙන්ට එපා. මේකෙන් අපට ප්‍රසිද්ධ වෙන්න පුළුවන්කම තියේ ය" කියලා. මේ කාලේ මිනිස්සුත් ඒ වගේ නේ. අනුන්ට බැනලා ප්‍රසිද්ධ වෙනවා, ගරහලා ප්‍රසිද්ධ වෙනවා, කුණුහරප කියලා ප්‍රසිද්ධ වෙනවා. රණ්ඩු කරලා ප්‍රසිද්ධ වෙනවා.

එකල ගිහියන්ගේ දියුණුව....

බැරිම තැන බුදුරජාණන් වහන්සේ සංඝයා රැස් කරලා, ආකාසයේ වැඩ හිඳමින් පිරිසට ධර්මය කියලා, අවවාද කරලා, දෝෂාරෝපණය කරලා පාරිලෙය්‍ය වනයට වැඩියා. කොසඹෑ නුවර ඉන්නවා මාර්ගඵල ලාභී උපාසකවරු. ඒගොල්ලෝ බුද්ධානුස්සති, ධම්මානුස්සති, සංඝානුස්සති මෙනෙහි කරනවා. දැන් ගිහියන්ට ආරංචි

වුණා මේ අයගේ රණ්ඩුව බේරන්ට බැරුව බුදුරජාණන් වහන්සේ කොසඹෑ නුවර අතහැරලා වනාන්තරයට වැඩියා කියලා.

දායකයෝ ඔක්කොම සන්ථාගාරයට රැස් වුණා. රැස් වෙලා කතා වුණා "හනේ හපොයි අපට වෙච්චි දේ.... භාග්‍යවතුන් වහන්සේත් මේ නගරය අතහැරලා වනයට වැඩියා. අපි සරණ ගියපු සංඝයා මෙහෙම නෙවෙයි. අපි සරණ ගියපු සඟ රුවන සුපටිපන්නයි, උජුපටිපන්නයි, ඤායපටිපන්නයි. වැසිකිළි භාජනයක වතුර චුට්ටක් ඉතිරි වුණා කියලා මෙහෙම රණ්ඩු සරුවල් අල්ලගන්නෙ නෑ. මේ උන්නාන්සේලාගෙන් නම් අපට යහපතක් වෙන්නේ නෑ" කියලා. දැන් කාලේ ගිහියන්ගේ පරිහානිය තේරුම් ගන්න මේක හොඳ කතාවක්. මෙන්න බලන්න ගිහියන්ගේ දියුණුව.

දායකයන්ගේ දඬුවම....

එතන හිටපු එක ගිහියෙක්වත් කිව්වෙ නෑ "නෑ... ඒක භාග්‍යවතුන් වහන්සේගෙයි භික්ෂූන් වහන්සේලාගෙයි ප්‍රයිවට් කේස් එකක්. අපි ඕකට අත ගහන්න ඕනෙ නෑ" කියලා. දැන් කාලෙ නම් "මේක සංඝයාගේ ප්‍රශ්නයක්. අපි අත ගහන්න ඕනෙ නෑ. ඒක ඒගොල්ලො විසඳගනියි" කියලා කියනවනෙ. අර ගිහි පිරිස කතා වෙලා එකඟතාවයකට ආවා "මේ සඟ පිරිස භාග්‍යවතුන් වහන්සේව හම්බ වෙලා, භාග්‍යවතුන් වහන්සේව සංතෝෂයට පත් කරලා, සමාව අරගන්න කල් අදින් පස්සේ මේ පිරිස දැක්කාට අපි ආසනයෙන් නැගිටින්නේ නෑ. මේ අය ඇවිල්ලා අපේ ගේ ඉස්සරහ හිටගත්තාට අපි දන් පුදන්නේ නෑ" කියලා. කොසඹෑ නුවර ම එක මතයේ හිටියා.

අද එහෙම කරන්න බෑ. අද කාලේ නම් පණිවිඩයක් යවයි ඒ හාමුදුරුවරුන්ට "ස්වාමීන් වහන්ස, අද රැස්වීමක් තිබුණා. මේං මෙහෙම කතාවක් ඇතිවුනා. ඔබවහන්සේලා ඒක ප්‍රශ්නයක් කරගන්ට එපා. අපි පාර්සල් ටිකක් හදලා අර හංදියේ ගහේ එල්ලන්නම්" කියලා. තව කොටසක් කියයි "අප්පේ... අපට නම් පව් කරගන්න බෑ. අපි දන් නොදී ඉන්නෙ නෑ. සංඝයාගේ ගුණයක් හැටියට තියෙනවා ආගන්තුකව වැඩියාට පස්සෙ දානෙ දෙන්න සුදුසුයි කියලා. අපි දන් නොදී ඉන්නෙ නෑ" කියලා එතන ගිහියන්ගේ ගාලගෝට්ටියක් යනවා ද නැද්ද අද කාලේ? මොකද හේතුව, අද ගිහියෝ පැවිද්දන්ටත් වඩා හොඳටම පිරිහිලා ඉන්නෙ.

සැබෑ ලෙස සරණේ පිහිටි ගිහියන්....

දැන් ඔන්න සංඝයා පහුවදා පිණ්ඩපාතේ යනවා. ගෙවල්වල මිනිස්සු හොඳට කකුලක් පිට කකුලක් තියාගෙන වාඩි වෙලා ඉන්නවා, නැගිටින්නෙත් නෑ. වඳින්නෙත් නෑ. උන්නාන්සේලා ගිහිල්ලා ගේ ඉස්සරහ පාත්තරේ තියාගෙන හිටගෙන ඉන්නවා. කවුරුවත් දන් පුදන්නේ නෑ. එක ගෙදරක විතරක් නෙවෙයි. කොසඹෑ නුවර කියන්නෙ විශාල නගරයක්. කොසඹෑ නුවර ගෙවල් දාහක් තිබුණා නම් දාහම එහෙමයි. එතකොට ඒ මිනිස්සු ඔක්කොම ගත්තේ කාගේ පැත්තද? භාග්‍යවතුන් වහන්සේගේ පැත්ත යි. අද ඒ විදිහේ එක මනුස්සයෙක් හිටියොත් ඒකත් අසිරියක්.

භික්ෂූන් වහන්සේලා පළවෙනි දවසේ පිණ්ඩපාතේ ගියා. වතුරවත් නෑ. දෙවෙනි දවසෙත් පිණ්ඩපාතේ ගියා. වතුරවත් නෑ. මිනිස්සුන්ගෙන් ඇහුවා "පින්වත්නි,

මොකද තමුන්නාන්සේලා අපට මෙහෙම කරන්නේ?" කියලා. මිනිස්සු කිව්වා "වැඩි කතාබතා ඕන නෑ. ඔබවහන්සේලා ඔක්කොම එකතු වෙලා, සමගි වෙලා භාග්‍යවතුන් වහන්සේගෙන් සමාව අරගෙන ආවොත් අපි දානෙ දෙන්නම්. එතකම් මේ පැත්ත පළාතේ එන්න එපා." කිව්වා.

බඩට වදිනකොට සිහිය උපන්නා....

ඔක්කොම එකතු වෙලා රණ්ඩු අල්ල අල්ල හිටියනෙ. බඩට වදිනකොට සිහිය උපන්නා. නිකම්ම සමඟි වුණා. දැක්කද තෙරුවන් සරණේ බලය! අද නම් කියයි "ඔබවහන්සේලා යන්න එපා. අපි පන්සල් හදලා දෙන්නම්... මෙහේ ඉන්න බැරි නම් අපේ ගමේ කුටියක් හදලා දෙන්නම්.... අපේ ගෙදරට වඩින්න. අපේ පැත්තෙ කැලෑ මණ්ඩියක් තියෙනවා. අපි එතන කුටි හදලා දෙන්නම්. අපි සලකනවා සංඝයාට..." කියලා. දැක්කද වෙනස? ඊට පස්සේ සඟ පිරිසට කරන්න දෙයක් නෑ. හොඳටම පීඩාවට පත්වෙලා කෙලින්ම වැඩියා සැවැත් නුවරට. සැවැත් නුවරට ගිහිල්ලා බුදුරජාණන් වහන්සේගෙන් සමාව අරගෙන සමඟි වෙලා ඔන්න ධර්මයේ හැසිරෙන්න පටන් ගත්තා.

ඒ උපාසකවරු කළේ අකුසලයක් ද, කුසලයක් ද? කුසලයක්. පවක් ද පිනක් ද? පිනක් කළේ. අසමඟි වෙච්ච, භේදභින්න වෙච්ච සංඝයා සමඟි කරලා කල්පයක් සුගතියේ යන පිනක් කළේ. බත් මුලට නෙවෙයි තැන දුන්නේ, සංඝ සමඟියටයි. අද කාලේ තැන දෙන්නෙ සමඟියට නෙවෙයි, බත් මුලට. ඒකයි වෙනස.

සමාධියට උපකාරී වන සීලය....

ඉතින් ඒ අවෙච්චප්‍රසාදයෙන් යුක්ත බව කරුණු තුනක් කෙරෙහි තියෙන්න ඕනෙ. බුදුරජාණන් වහන්සේ කෙරෙහි, ධර්මය කෙරෙහි සහ ශ්‍රාවක සංඝයා කෙරෙහි. හතරවෙනි සෝතාපත්ති අංගය තමයි ආර්යකාන්ත සීලයෙන් යුක්ත බව. ආර්යකාන්ත සීලය කියන්නේ අර කලින් කියපු භය වෛර ඇතිකරන කරුණු පහෙන් වැළකිලා පංචසීලය තුළ හික්මෙනවා. එයා සිල් පද සිදුරු කරගෙන නෑ. සිල් පද තැනින් තැන කඩාගෙන නෑ. සිල්පද කිලුටු කරගෙන නෑ. ඒ වගේම එයා සිල්පද රකින්නේ ධර්ම මාර්ගයේ අංගයක් හැටියට, සිතට සතුටක් ඇතිවන විදිහට. සිතට සතුටක් හටගත්තාම ඒක සමාධිසංවත්තනිකයි. සමාධි සංවත්තනිකයි කියන්නේ සිතේ තැන්පත් භාවයට, සිතේ සමාධිය ඇති වෙන්ට ඒ සීලය උදව් වෙනවා. මේ විදිහට ආර්යකාන්ත සීලයෙන් යුක්තයි.

ආර්ය න්‍යාය ප්‍රඥාවෙන් දැකීම....

භාග්‍යවතුන් වහන්සේ දැන් මේ දේශනය කරන්නෙ කාටද? අනේපිඬු සිටාණන්ට. ගිහියෙකුට මේ කියන්නෙ. ඔන්න දැන් බුදුරජාණන් වහන්සේ කරුණු දෙකක් ගැන අනේපිඬු සිටුතුමාට පැහැදිලි කරලා දුන්නා. භය වෛර ඇතිවන කරුණු පහෙන් වැළකීම ගැන කියා දුන්නා. සෝතාපත්ති අංග හතරින් යුක්ත වීම ගැන කියා දුන්නා. මොනවද ඒ සෝතාපත්ති අංග හතර? භාග්‍යවතුන් වහන්සේ කෙරෙහි නොසෙල්වෙන පැහැදීම. ධර්මය කෙරෙහි නොසෙල්වෙන පැහැදීම. ශ්‍රාවක සංඝයා කෙරෙහි නොසෙල්වෙන පැහැදීම. ආර්යකාන්ත සීලය.

ඊළඟ කාරණය ආර්ය න්‍යාය ප්‍රඥාවෙන් මනාකොට දැකලා අවබෝධ කරගෙන සිටීම. ඒක කරන්න බෑ යෝනිසෝ මනසිකාරය නැතුව. යෝනිසෝ මනසිකාරයෙන් ම යි කරන්න තියෙන්නෙ. ආර්ය න්‍යාය කියලා කියන්නේ පටිච්ච සමුප්පාදය. පටිච්ච සමුප්පාදය කියන්නේ හේතු ඵල වශයෙන් මේ භව පැවැත්ම හැදෙන හැටි. හේතු ඵල වශයෙන් භව පැවැත්ම හැදෙන හැටි දැනගත්තොත් හේතු ඵල නැති වීමෙන් භව පැවැත්ම නැතිවෙනවාත් දැනගන්ට පුළුවන්.

පටිච්ච සමුප්පාදය නුවණින් විමසන්නේ මෙහෙමයි....

බුදුරජාණන් වහන්සේ වදාළා **(ඉධ ගහපති අරියසාවකෝ පටිච්ච සමුප්පාදඤ්ඤේව සාධුකං යෝනිසෝ මනසිකරෝති)** "ගෘහපතිය, ආර්ය ශ්‍රාවකයා පටිච්ච සමුප්පාදය ම මනකොට නුවණින් මෙනෙහි කරනවා. කොහොමද ඒ, **(ඉති ඉමස්මිං සති ඉදං හෝති)** මෙය ඇති කල්හී මෙය වේ. **(ඉමස්සුප්පාදා ඉදං උප්පජ්ජති)** මෙය ඉපදීමෙන් මෙය උපදී. **(ඉමස්මිං අසති ඉදං න හෝති)** මෙය නැති කල්හී මෙය නොවේ. **(ඉමස්ස නිරෝධා ඉදං නිරුජ්ඣති)** මෙය නිරුද්ධ වීමෙන් මෙය නිරුද්ධ වේ. ඒක තමයි පටිච්ච සමුප්පාදය මෙනෙහි කළයුතු න්‍යාය. න්‍යාය කියලා කිව්වෙ, ඒකෙ සමීකරණය.

පටිච්ච සමුප්පාදය කියලා කියන්නේ මොකක්ද? අවිද්‍යාව හේතුවෙන් සංස්කාර ඇති වේ. සංස්කාර හේතුවෙන් විඤ්ඤාණය ඇති වේ. විඤ්ඤාණය හේතුවෙන් නාමරූප ඇති වේ. නාමරූප හේතුවෙන් සළායතන ඇති වේ. සළායතන හේතුවෙන් ස්පර්ශය

ඇති වේ. ස්පර්ශය හේතුවෙන් වේදනා ඇති වේ. විඳීම හේතුවෙන් තණ්හාව ඇති වේ. තණ්හාව හේතුවෙන් උපාදාන ඇති වේ. උපාදාන හේතුවෙන් භවය ඇති වේ. භවය හේතුවෙන් ජාතිය ඇති වේ. ජාතිය හේතුවෙන් ජරා මරණ, සෝක පරිදේව, දුක් දොම්නස්, සුසුම් හෙළීම් ඇති වේ. එතකොට අර කලින් කියපු 'මෙය ඇති කල්හී මෙය වේ. මෙය උපදින විට මෙය උපදී' කියන න්‍යායට අනුව මේ පටිච්ච සමුප්පාදය මෙනෙහි කරන්නේ කොහොමද?

දුකේ හටගැනීම....

අවිද්‍යාව ඇති කල්හි සංස්කාර ඇත. අවිද්‍යාව උපදින විට සංස්කාර උපදී. සංස්කාර ඇති කල්හි විඤ්ඤාණය ඇත. සංස්කාර උපදින විට විඤ්ඤාණය උපදී. විඤ්ඤාණය ඇති කල්හි නාමරූප ඇත. විඤ්ඤාණය උපදින විට නාමරූප උපදී. නාමරූප ඇති කල්හි සළායතන ඇත. නාමරූප උපදින විට සළායතන උපදී. සළායතන ඇති කල්හි ස්පර්ශය ඇත. සළායතන උපදින විට ස්පර්ශය උපදී. ස්පර්ශය ඇති කල්හි විඳීම ඇත. ස්පර්ශය උපදින විට විඳීම උපදී.

විඳීම ඇති කල්හි තණ්හාව ඇත. විඳීම උපදින විට තණ්හාව උපදී. තණ්හාව ඇති කල්හි උපාදාන ඇත. තණ්හාව උපදින විට උපාදාන උපදී. උපාදාන ඇති කල්හි භවය ඇත. උපාදාන උපදින විට භවය උපදී. භවය ඇති කල්හි ජාතිය ඇත. භවය උපදින විට ජාතිය උපදී. ජාතිය ඇති කල්හි ජරාමරණ ඇත. ජාතිය උපදින විට ජරා මරණ, සෝක පරිදේව, දුක් දොම්නස්, සුසුම් හෙළීම් සියල්ල උපදී.

දුකේ නැතිවීම....

ඊට පස්සේ 'මෙය නැති කල්හී මෙය නැත. මෙය නිරුද්ධ වීමෙන් මෙය නිරුද්ධ වේ.' අවිද්‍යාව නැති කල්හි සංස්කාර නැත. අවිද්‍යාව නිරුද්ධ වීමෙන් සංස්කාර නිරුද්ධ වේ. සංස්කාර නැති කල්හි විඤ්ඤාණය නැත. සංස්කාර නිරුද්ධ වීමෙන් විඤ්ඤාණය නිරුද්ධ වේ. විඤ්ඤාණය නැති කල්හි නාමරූප නැත. විඤ්ඤාණය නිරුද්ධ වීමෙන් නාමරූප නිරුද්ධ වේ. නාමරූප නැති කල්හි ආයතන හය නැත. නාමරූප නිරුද්ධ වීමෙන් ආයතන හය නිරුද්ධ වේ. ආයතන හය නැති කල්හි ස්පර්ශය නැත. ආයතන හය නිරුද්ධ වීමෙන් ස්පර්ශය නිරුද්ධ වේ.

ස්පර්ශය නැති කල්හි විඳීම නැත. ස්පර්ශය නිරුද්ධ වීමෙන් විඳීම් නිරුද්ධ වේ. විඳීම නැති කල්හි තණ්හාව නැත. විඳීම් නිරුද්ධ වීමෙන් තණ්හාව නිරුද්ධ වේ. තණ්හාව නැති කල්හි උපාදාන නැත. තණ්හාව නිරුද්ධ වීමෙන් උපාදාන නිරුද්ධ වේ. උපාදාන නැති කල්හි භවය නැත. උපාදාන නිරුද්ධ වීමෙන් භවය නිරුද්ධ වේ. භවය නැති කල්හි ඉපදීම නැත. භවය නිරුද්ධ වීමෙන් ඉපදීම නිරුද්ධ වේ. ඉපදීම නැති කල්හි ජරාමරණ නැත. ඉපදීම නිරුද්ධ වීමෙන් ජරාමරණ, සෝක වැළපීම්, දුක් දොම්නස්, සුසුම් හෙළීම් සියල්ල නිරුද්ධ වේ. ඔන්න ඔය විදිහට ආර්ය ශ්‍රාවකයා ආර්ය න්‍යාය නුවණින් මෙනෙහි කරනවා.

මුළා නොවී එතෙර වෙන්න....

දැන් බලන්න හිතලා, සමහරු අපට තුණ්ඩු කෑලි එවනවා "අපට නම් මේකෙ ආයෙ උපදින්න ඕනෙ නෑ, අපට ඉක්මනට මේකෙන් එතෙර වෙන්න ඕනෙ, දිව්‍ය

ලෝකවල යන්න ඕනෙත් නෑ" කියලා. මේ තියෙන්නෙ ධර්මය. පුළුවන් නම් එතෙර වෙන්න. එතෙර වෙනවා නම් මෝහනයකට පත් නොවී එතෙර වෙන්න ඕනෙ. එතෙර වෙනවා නම් එතෙර විය යුත්තේ එතෙර වුණා කියලා මුළා වෙලා නෙවෙයි. යථාර්ථය දකින තුරු හිතේ ස්වභාවය මුළාවීම ම යි. ඒ නිසා තමයි බුදුරජාණන් වහන්සේ ශ්‍රාවකයාට මේ ක්‍රමයට මෙනෙහි කර කර ඉන්න කියන්නෙ.

සියල්ල අනිත්‍යයි....

මේක සිද්ධ වෙන්නේ මේ විදිහටයි. මෙහෙම වෙන්න හේතුව, මේ ඔක්කොම අනිත්‍ය නිසා. අවිද්‍යාව කියලා අපි කියනවා නම් යම් දෙයකට, ඒකත් නිත්‍ය දෙයක් නෙවෙයි. සංස්කාර කියලා යමකට කියනවා නම්, ඒකත් නිත්‍ය දෙයක් නෙවෙයි. විඤ්ඤාණය කියලා යමකට කියනවා නම්, ඒකත් අනිත්‍ය දෙයක්. නාමරූප කියලා යමකට කියනවා නම් ඒකත් අනිත්‍ය දෙයක්. සළායතන කියලා යමකට කියනවා නම් ඒකත් අනිත්‍ය දෙයක්. ස්පර්ශය කියලා යමකට කියනවා නම් ඒකත් අනිත්‍ය දෙයක්. විඳීම් කියලා යමකට කියනවා නම් ඒකත් අනිත්‍ය දෙයක්. තණ්හාව කියලා යමකට කියනවා නම් ඒකත් අනිත්‍ය දෙයක්. උපාදාන කියලා යමකට කියනවා නම් ඒකත් අනිත්‍ය දෙයක්. භවය කියලා යමකට කියනවා නම් ඒකත් අනිත්‍ය දෙයක්. ඉපදීම කියලා යමකට කියනවා නම් ඒකත් අනිත්‍ය දෙයක්. ජරා මරණ සෝක වැලපීම් කියන ඒවත් අනිත්‍ය දේවල්. යමක් අනිත්‍ය නම්, ඒක දුකයි. යමක් දුක නම් ඒක මම ය, මාගේ ය, මාගේ ආත්මය ය කියලා තමාගේ වසඟයේ තියාගන්න බෑ.

දෙව්ලොව බාධා නෑ....

'මෙය ඇති කල්හී මෙය වේ. මෙය උපදින විට මෙය උපදී. මෙය නැති කල්හී මෙය නොවේ. මෙය නිරුද්ධ වන විට මෙය නිරුද්ධ වෙයි' කියන මේ ආර්ය න්‍යාය යම්කිසි ශ්‍රාවකයෙක් මෙනෙහි කරනවා නම් ඒ මෙනෙහි කිරීම තුළ එයා අවබෝධ කරන්නේ අනිත්‍යයි, දුකයි, අනාත්මයි කියන ත්‍රිලක්ෂණය. දැන් අපි ගත්තොත්, අනේපිඬු සිටුතුමා සෝවාන් කෙනෙක් නෙ. එතකොට අනේපිඬු සිටුතුමා පංච සීලයෙන් යුක්තයි. අනේපිඬු සිටුතුමා සතර සෝතාපත්ති අංගයන්ගෙන් යුක්තයි. අනේපිඬු සිටුතුමා මේ ආර්ය න්‍යාය මෙනෙහි කරනවා.

මේ වෙද්දි අනේපිඬු සිටුතුමා ඉන්නෙ තුසිත දිව්‍ය ලෝකයේ. තුසිත දිව්‍ය ලෝකයේ ගිය ගමන් මේවා අමතක කරලා පාටිවලට යනවා ද? නෑ. තුසිත දිව්‍ය ලෝකෙ ගියත් අනේපිඬු සිටුතුමා කරන්නෙ මොකක්ද? මේ ටික ම යි. අනේපිඬු සිටුතුමා මේ සංස්කාර ධර්මයන් පිළිබඳ යථා ස්වභාවය දැකපු කෙනෙක්. මනුස්ස ලෝකයේ ඉන්දෙද්දි ආර්ය න්‍යාය දැකපු කෙනෙකුට දෙව්ලොව ගියාට පස්සෙත් ආර්ය න්‍යාය මෙනෙහි කරන්න බැරිද? පුළුවන්. ඉතින් අනේපිඬු සිටුතුමාට තුසිත දිව්‍ය ලෝකයේ ඒකට මුකුත් බාධාවක් නෑනෙ.

දෙවිවරු එකතු වෙන්නේ දහම් කථාවටයි....

ඒ කාලේ සැවැත් නුවරදි අනේපිඬු සිටුතුමාත් එක්ක එකට දන් පැන් දීපු අයත් දෙව්ලොව ඉපදිලා ඉන්නවා. ඊළඟට අනේපිඬු සිටුතුමාගේ දානෙ වළඳපු මගඵල ලැබූ ස්වාමීන් වහන්සේලාත් තුසිත දිව්‍ය

ලෝකයේ ඉපදිලා ඉන්නවා. දැන් මේගොල්ලෝ එකතු වෙනවා දිව්‍ය ලෝකයේදි. එකතු වෙන්නෙ බොන්න ද? නෑ. එකතු වෙන්නෙ පාටි දාන්න ද? නෑ. මාර්ගඵල ලාභීන් එකතු වෙන්නේ දහම් කතාවට. එකතු වෙලා "අනේ අපගේ භාග්‍යවතුන් වහන්සේ මේ මේ ගුණයන්ගෙන් යුක්තයි. භාග්‍යවතුන් වහන්සේගේ අරහං ගුණය මෙහෙම ප්‍රකට වුණා, භාග්‍යවතුන් වහන්සේගේ සම්මා සම්බුද්ධ ගුණය මෙහෙම ප්‍රකට වුණා, භාග්‍යවතුන් වහන්සේගේ විජ්ජාචරණසම්පන්න ගුණය මෙහෙම ප්‍රකට වුණා, භාග්‍යවතුන් වහන්සේගේ සුගත ගුණය මෙහෙම ආශ්චර්යයි. භාග්‍යවතුන් වහන්සේගේ ලෝකවිදූ ගුණය මෙහෙම ආශ්චර්යයි. භාග්‍යවතුන් වහන්සේගේ අනුත්තරෝ පුරිසදම්ම සාරථී ගුණය මෙහෙමයි...." ආදී වශයෙන් කථා වෙනවා. එහෙනම් මාර්ගඵල ලාභී දෙවිවරු එකතු වෙලා කතා වෙන්නේ තමන් සරණ ගිය ශාස්තෘන් වහන්සේ ගැනයි. මං මේ කියන්නේ දිව්‍ය ලෝකයේ ඇත්ත විස්තරේ.

දෙව්ලොවදිත් දහම දකිනවා....

ඊට පස්සේ කතා වෙනවා "අනේ මේ නවඅරහාදී ගුණයන්ගෙන් යුක්ත වූ අපගේ ශාස්තෘන් වහන්සේ මොනතරම් ස්වාක්ඛාත වූ ධර්මයක් දේශනා කළාද! ඒ දේශනා කරපු ධර්මය නිසා මේ ලෝක සත්වයා අනිත්‍ය දේ අනිත්‍ය ආකාරයට ම දැනගත්තා. දුක් දේ දුක් ආකාරයට ම දැනගත්තා. අනාත්ම දේ අනාත්ම ආකාරයට ම දැනගත්තා. භාග්‍යවතුන් වහන්සේ දේශනා කළා සංඛත ධර්මයන්ගේ ස්වභාවය මේකයි කියලා. **(උප්පාදෝ පඤ්ඤායති)** හටගැනීම පේනවා. **(වයෝ**

පඤ්ඤායති) වැනසී යාම පේනවා. **(ඨිතස්ස අඤ්ඤථත්තං පඤ්ඤායති)** වෙනස් වෙවී පවතිනවා පේනවා. මේ දිව්‍ය ලෝකෙත් ඒ ස්වභාවය ඒ විදිහට ම තියෙනවා අපට පේනවානෙ. මේ සංඛත ධර්මයන්ගේ ස්වභාවය හැම තැන ම තියෙනවානෙ. අනේ බුදුරජාණන් වහන්සේ වදාළ ධර්මය කොච්චර ඇත්තක් ද!" කියලා ධර්මය ගැනත් කතා වෙනවා.

සඟගුණත් කතා වෙනවා....

ඊට පස්සේ කතා වෙනවා "අනේ අපගේ සාරිපුත්ත මහරහතන් වහන්සේ මේ මේ ගුණයන්ගෙන් යුක්තයිනෙ. සුපටිපන්න, උජුපටිපන්න ආදී මේ සඟ ගුණ සාරිපුත්ත මහරහතන් වහන්සේගේ ජීවිතේ තුළ මතුවෙලා පෙනුනා. මහාමොග්ගල්ලාන මහරහතන් වහන්සේගේ ජීවිතේ තුළත් මේ සඟ ගුණ මතුවෙලා පෙනුනා. මහාකස්සප මහරහතන් වහන්සේගේ ජීවිතේ තුළත් මේ සඟ ගුණ මතු වෙලා පෙනුනා. ආනන්ද මහරහතන් වහන්සේගේ ජීවිතේ තුළත් මේ සඟ ගුණ මතු වෙලා පෙනුනා. අනේ භාග්‍යවතුන් වහන්සේගේ ශ්‍රාවක සඟරුවන මේ මේ ගුණයන්ගෙන් යුක්තයි නේ" කියලා ශ්‍රාවක සංඝයාගේ ගුණ මෙනෙහි කරනවා.

එතකොට සමහර දෙවිවරු ඇවිල්ලා කියනවා "අනේ මම මෙහෙම මහා කස්සප මහරහතන් වහන්සේ කෙරෙහි පැහැදිලා ඉන්නවා.... මං මෙහෙම අනුරුද්ධ මහරහතන් වහන්සේ කෙරෙහි පැහැදිලා ඉන්නවා.... මං මෙහෙම සීවලී මහරහතන් වහන්සේ කෙරෙහි පැහැදිලා ඉන්නවා.... මං මෙහෙම ආනන්ද මහරහතන් වහන්සේ කෙරෙහි පැහැදිලා ඉන්නවා.... මං අසවල් රහතන්

වහන්සේට මෙහෙම බත්පිඬක් බෙදා ගත්තා.... මං මෙහෙම සිවුරක් පූජා කර ගත්තා.... අනේ මං මල් පූජා කළා.... අනේ මට මුකුත් පූජා කර ගන්න බැරි වුණා. නමුත් මම ඒ ගුණ සිහි කර කර වන්දනා කළා...." කියලා අර සෝතාපත්ති අංග මෙනෙහි කර කරා සතුටු වෙනවා. මගඵලලාභී දෙවිවරු ඕවා කතා කරන්නේ. දිව්‍ය ලෝකවල කොච්චරවත් මේ සෝතාපත්ති අංග පුරුදු කරනවා.

බඹසර රකින දෙවිවරුත් ඉන්නවා....

වර්තමාන මනුෂ්‍යයාගේ මෝඩකම මනුෂ්‍යයාට ශාපයක් වෙලා තියෙන්නේ. දිව්‍ය ලෝකවල ඉන්න මගඵල ලාභී දෙවිවරුන්ගේ හැසිරීම ගැන ධර්මානුකූලව හිතන්න හැකියාවක් නෑ. ඒ නිසා ගරහා ගරහා අපායට යන්ට ආර්ය උපවාද කරගන්නවා. දිව්‍ය ලෝකවල මොනතරම් දෙවිවරු ඉන්නවා ද බඹසර සිල් රකින. ආයුෂ ගොඩාක් දීර්ඝ නිසා බොහෝ කාලයක් ජීවත් වෙනවා. නමුත් සතර අපායේ උපදින අනතුර නෑ.

අපි කියමු දැන් මේ කාලේ ඒ අනාථපිණ්ඩික දිව්‍යපුත්‍රයා පහළ මනුස්ස ලෝකේ දිහා බැලුවොත් බුදුරජාණන් වහන්සේ ජීවමානව දඹදිව් තලය තුළ නෑ. ඒ නිසා දැන් පහළ බැලුවා කියලා වැඩක් නෑ. දැන් තියෙන්නේ අතීතයේ දැකපු ශාස්තෘන් වහන්සේගේ ගුණ මෙනෙහි කර කර බුද්ධානුස්සතිය වඩන්නයි. ඊළඟට තමන් හදාපු ජේතවනාරාමය දිහා බලනවා. බලද්දි නිකම්ම නිකං සොහොන් පිට්ටනියක් වගේ. කවුරුත් නෑ. එතකොට අනාථපිණ්ඩික දිව්‍යපුත්‍රයාට මතක් වෙන්නේ මොකක්ද? "අනේ මේ සියලු සංස්කාරයෝ අනිත්‍යයි කියලා අපේ බුදුරජාණන් වහන්සේ දේශනා කළානේ.

පිරිනිවන් පාන මොහොතේත් දේශනා කළේ (වයධම්මා සංඛාරා) 'සියලු සංස්කාරයෝ නැසී යන ස්වභාවයෙන් යුක්තයි. (අප්පමාදේන සම්පාදේථ) අප්‍රමාදීව මේ ධර්මය පුරුදු කරන්න' කියලානේ. අනේ මේක කොච්චර ඇත්තක් ද?" කියලයි.

අලුතින් දෙවියන් අතරට එන අය නෑ....

ශ්‍රාවක සංඝයා දිහා බලද්දි සංඝයා නෑ. විකාර දොඩව දොඩව, විහිළු කතා කිය කිය, බණට කාන්තාවන්ගේ ඇඟපත ගැන එක එක දෙපැත්ත කැපෙන කතා කිය කිය ඉන්න පිරිසක් ඉන්නවා. තව සමහරු නොයෙක් වාද විවාද කතා කර කර ඉන්නවා. එතකොට කල්පනා කරනවා "අනේ අපට මේ මනුස්ස ලෝකෙ පැත්ත බලලා වැඩක් නෑ. අපි ධර්මය ම පුරුදු කරමු" කියලා ධර්මය පුරුදු කරනවා. ඊටපස්සේ අලුතින් දෙවියන් අතරට කවුරුවත් එනවා ද කියලා බලද්දි එහෙම එන අයත් නෑ. එහෙම එන අය ඉන්නවා නම් දෙවිවරු සාකච්ඡාවට බඳුන් කරලා ඒ පිරිසට උදව් කරනවානෙ. එහෙම අයත් නෑ. ඊට පස්සේ දෙවිවරු මොකද කරන්නෙ, "අහෝ! බුද්ධ ශාසනය වහා නැති වෙලා ගියා... ලෝකය අන්ධකාර වෙලා ගියා... අපටත් අප්‍රමාදී වෙන්නයි තියෙන්නෙ" කියලා ඒ දෙවිවරු වීරිය කරනවා. දැන් තත්වය මං මේ කියන්නෙ.

දෙවියන්ගෙන් උපදෙස්....

මනුස්ස ලෝකේ 'අපි බෞද්ධ... අපි බෞද්ධ...' කිය කියා බොරුවට කෑ ගගහා ඉන්න, 'අනේ අපට දිව්‍ය ලෝකේ යන්ට බෑ... එහේ කාමය වැඩියි... වහ වහා

නිවන් දකින්න ඕනෙ...' කිය කියා ඉන්න, තිසරණයවත් නැති ඒ අය ඔක්කෝම යන්නේ සතර අපායේ. ඒ විදිහට බොහෝ දෙනෙක් තුනුරුවන්ට ගරහලා අපාගත වෙනවා දකිනකොට චුතවෙන්න ළංවෙච්ච දෙවි කෙනෙකුටවත් ආයෙ නම් මනුස්ස ලෝකෙට යන්න කියලා කිසි දෙවි කෙනෙක් කියන්නේ නෑ.

දිව්‍ය ලෝකවලත් ඉන්නවනෙ පින්වත්නි, කෙළි සෙල්ලමින් ඉන්න ඇතැම් දෙවිවරු. මාර්ගඵල ලාභී දෙවිවරු වටවෙලා ඒ දෙවිවරුන්ට කියයි "උඹලා යන්ට නම් එපා මනුස්ස ලෝකෙ පැත්තෙ. බලාපන් දැන් මනුස්ස ලෝකෙ විනාස වෙලා තියෙන හැටි. උඹලා එහේ ගියොත් පොඩි කාලෙම උඹලගේ අතට දේවි චූටි පතුරු කෑල්ලක් වගේ ටෙලිෆෝන් කියලා ජාතියක්. උඹලා ඒකෙන් ම විනාශ වෙලා යයි. ඊට පස්සේ උඹලා ඉස්කෝලේ යනකොට උඹලගේ අතට පොඩි පොඩි මත්ද්‍රව්‍ය දේවි. උඹලා ඒකෙනුත් විනාශ වේවි. උඹලා තරුණ කාලේ වෙනකොට සෑහෙන අකුසල් තොගයක් රැස් කරගෙන ඉඳීවි. අන්තිමට වයසට යනකොට උඹලගේ ඉතිරි වෙලා තිබුණ පිනුත් නැති වෙලා, සතර අපායට ම වැටේවි. ඒ නිසා සෙල්ලම් නවත්තලා ධර්මයේ හැසිරියං" කියලා ප්‍රමාදී දෙවිවරුන්ට අවවාද කරනවා.

වත්මන් බෞද්ධයන්ගේ සැඟවුණු ඇත්ත....

දැන් කාලේ දෙවිවරු මනුස්ස ලෝකෙ දිහා බලද්දි කොහොමද පේන්නේ? බෞද්ධ යි කියලා කියන මිනිස්සු හොරෙන් හොරෙන් කේන්දර බලනවා. හොරෙන් හොරෙන් නැකත් බලනවා. හොරෙන් හොරෙන් දේවාල අස්සෙ රිංගනවා. හොරෙන් හොරෙන් කාලි අදහනවා.

හොරෙන් හොරෙන් සූනියම් අදහනවා. හොරෙන් හොරෙන් ගණ දෙවියො අදහනවා. අමනුස්සයොත් කිට්ටු කර කර මිනිස්සුන්ව අල්ලගන්නවා. අමනුස්සයොත් කිට්ටු කර කර මිනිස්සුන්ව දපනේ දාගන්නවා. අමනුස්සයොත් කිට්ටු කර කර මිනිස්සුන්ව වසඟ කර ගන්නවා. දෙවිවරුන්ට යන්තම් හරි ආලෝකයක් පේනවා නම් පේන්නේ රුවන්වැලි මහාසෑයෙන්. දෙවිවරුන්ට යන්තම් හරි ආලෝකයක් පේන්නේ ශ්‍රී මහා බෝධියෙන්. දෙවිවරුන්ට යන්තම් හරි ආලෝකයක් පේන්නේ ලලාට ධාතුන් වහන්සේගෙන්. දෙවිවරුන්ට මිනිස්සුන්ගෙන් පේන ආලෝකයක් නෑ. ඕක තමයි ඇත්ත කතාව.

මැරෙන මොහොතේ අසරණ වෙනවා....

ඊළඟට දෙවිවරුන්ට මෙහේ කොටසක් රහත් රහත් කිය කියා අමු බොරු කියාගෙන යනවා පේනවා. ධර්මය විකෘති කර කර කොටසක් යනවා පේනවා. ඊළඟට බුදුන් උපන් දේශයත් බොරු කිය කියා කොටසක් යනවා පේනවා. අමනුෂ්‍යයෝ ලස්සනට මිනිස්සුන්ව වසඟ කරගෙන යනවා පේනවා. එතකොට මාර්ගඵල ලාභී දෙවිවරු ප්‍රමාදී දෙවිවරුන්ට කියනවා "බලාපන් මෝඩයිනේ.... ඇස්දෙක ඇරලා මනුස්ස ලෝකෙ දිහා. බලාපන් මනුස්ස ලෝකෙට අත්වෙලා තියෙන ඉරණම.

මනුස්සයෙකුට පිනක් දියුණු කරගෙන යන්න විදිහක් නෑ. මනුස්ස ලෝකෙ අය මරණාසන්න වෙනකොට භූත ලෝකෙන් ඇවිල්ලා ඒ මනුස්සයාව අදින හැටි අර බලාපන්. දිව්‍ය ලෝකෙවත් යන්න කෙනෙක් ඉතුරු කරන්නෙ නෑ" කියලා එහෙමයි දිව්‍ය ලෝකෙ කතාව යන්නෙ.

ලොකු පිරිසක් අමාරුවේ වැටෙනවා....

අන්ධකාරයකින් වැහිලා යනවා වගේ නීච අමනුස්සයන්ගෙන්, යකුන් - යකින්නියන්ගෙන්, ප්‍රේත - පිසාච - කුම්භාණ්ඩයන්ගෙන් මනුස්ස ලෝකෙ වැහීගෙන යන්නෙ. එහෙම තියෙද්දි තමයි එක එක්කෙනා වහසි බස් දොඩන්නෙ "දිව්‍ය ලෝකෙ යන්ට ලෑස්ති වෙන්න එපා... පින් රැස් කරන්න එපා... පින් කරලා හරියන්නෙ නෑ... වහ වහා කුසල් කරගෙන මේකෙන් එතෙර වෙයන්..." කිය කියා මුලාවෙ දානවා. ඒ නිසා ලොකු පිරිසක් අමාරුවෙ වැටෙනවා.

ඒ නිසා පින්වත්නි, මේක තේරුම් ගන්න. මේ ධර්මයේ හැසිරීමේදී ඔය කියාපු සෝතාපත්ති අංග සමාදන් වෙලා අපි ඉන්න ඕනෙ. ඒ තමයි භාග්‍යවතුන් වහන්සේගේ ගුණ මෙනෙහි කරන්න පුළුවන්කම, ධර්මයේ ගුණ මෙනෙහි කරන්න පුළුවන්කම, ශ්‍රාවක සංඝයාගේ ගුණ මෙනෙහි කරන්න පුළුවන්කම, තමන්ගේ සීලය මෙනෙහි කරන්න පුළුවන්කම. ඊළඟට පුරුදු කරන්න ඕනෙ පටිච්ච සමුප්පාදය අර කියාපු ක්‍රමේට මෙනෙහි කිරීම.

හරියට කළොත් ප්‍රතිඵල සතුටුදායකයි....

පින්වත්නි, මේවා හරියට පුරුදු කරලා තිබුණොත්... අපි කියපු මොකක් හරි පිනකට ඔබ දෙවියන් අතරට ගියා කියලා. පහළ දිව්‍ය ලෝකෙක නෙවෙයි, අපි කියමු තව්තිසාවට ගියා කියලා. තව්තිසාවේ මගඵල ලාභී දෙවිවරු මේ බුද්ධානුස්සති, ධම්මානුස්සති, සංඝානුස්සති වඩනවා. අන්න ඒගොල්ලෝ ගාවට එකතු වෙනවා. සමහර දෙවිවරු ඉන්නවා ධ්‍යාන වඩනවා. ධ්‍යාන වඩලා

එතනින් චුත වෙලා ඉහළ බඹලොවට යනවා. මේ වගේ මනුස්සයන්ට උපකාර ගන්න පුළුවන් තැන බවට එච්චරයි පත් වෙලා තියෙන්නෙ.

තව අවුරුදු දෙදාස් පන්සීයක කාලයක් මේ බුද්ධ ශාසනය ඉස්සරහට තියෙයි කියලා නම් අපට හිතන්න අමාරුයි. එකම පිහිට, එකම ආරක්ෂාව හැටියට දැනට තියෙන්නෙ මනුස්සයන්ගේ හැකියාව නෙවෙයි. භාග්‍යවතුන් වහන්සේගේ අධිෂ්ඨානය යි. මොකක්ද ඒ අධිෂ්ඨානය? භාග්‍යවතුන් වහන්සේ දේශනා කළා "මාගේ ශාසනය ලංකාද්වීපයේ පිහිටන්නේ ය" කියලා. ඒ භාග්‍යවතුන් වහන්සේගේ අධිෂ්ඨානයේ බලයෙන් තමයි ශ්‍රී මහාබෝධීන් වහන්සේ වැඩ ඉන්නේ. භාග්‍යවතුන් වහන්සේගේ අධිෂ්ඨාන බලයෙන් තමයි රුවන්වැලි මහාසෑය වැඩ ඉන්නේ.

අනාගතයේ වෙන දේ....

දැන් අපි මේ ධාතූන් වහන්සේලා වැඩපුදාගෙන යන අතරෙ කොටසක් ඉන්නවනෙ ඒකට බැන බැන යන. අනාගතයේ ඒගොල්ලෝ බලවත් වෙලා කියනවා "පින් කරන්න එපා... ඔය ධාතු චෛත්‍ය වඳින්න යන්න එපා... ඔය විකාර වැඩ කරන්න යන්න එපා..." කියලා. එතකොට ටික ටික මිනිස්සු මේ වැඳුම් පිදුම් කරන එක අතෑර අතෑර යනවා. ඊට පස්සේ තව දේශකයෝ කොටසක් "අප්‍රමාදී වෙන්න... අප්‍රමාදී වෙන්න..." කිය කිය තමන්ගේ බණ පදයක් කියාගෙන යනවා.

එතකොට මිනිස්සු ධර්මය ඉගෙන ගන්න එකත් අතහරිනවා, ධර්මය පුරුදු කරන එකත් අතහරිනවා, වචනයෙන් පුරුදු කරන එකත් අතහරිනවා, පොතෙන්

ඉගෙන ගන්න එකත් අතහරිනවා. අතහැරලා රහත් රහත් කියන පුද්ගලයන්ගේ පස්සෙ යන්න ගන්නවා. කාලයක් ගියාට පස්සෙ ඕකත් නැතුව යනවා. එතකොට ශ්‍රද්ධාවේ පිහිටුවන්න කවුරුවත් නෑ. ඊට පස්සෙ 'ඔය ධාතූන් වහන්සේලා වැඳලා කාටද හරි ගියේ?' කියලා කියන්න ගන්නවා. ටික ටික මනුස්ස ලෝකෙ ඉන්න මිනිස්සුත් මිසදිටු වෙලා යනවා. වෙන වෙන ආගම්වලට යනවා. එක්කො මාක්ස්වාදයට ගිහිල්ලා කියයි 'අපට වැඩක් නෑ ඔය ආගම්' කියලා.

ධාතු පරිනිර්වාණය....

ඊට පස්සෙ ඔන්න ධාතු අන්තර්ධානය එනවා. තුන් ලෝකය පුරා විසිරී තියෙන සියලු ධාතූන් වහන්සේලා රුවන්වැලි මහාසෑයට රැස් වෙනවා. ඊට පස්සේ ඒ ධාතූන් වහන්සේලාගෙන් නිර්මිත බුදුරජාණන් වහන්සේ දඹදිව ජයසිරි මහා බෝ සෙවනේදී අවසාන ධර්ම දේශනාව පවත්වනවා. එදාට මනුස්ස ලෝකයේ මිනිස්සුන්ට ඒ ධර්මය ඇහෙන්නෙ නෑ. ඒ ධර්මය අහන්නේ දිව්‍ය ලෝකයේ ඉන්න දෙවිවරු. දෙවිවරු ඒ ධර්මය අහලා මේ ගෞතම බුද්ධ ශාසනයේ භාග්‍යවතුන් වහන්සේගේ සෘජු සම්බන්ධයෙන් මාර්ගඵල ලබන අවසාන පිරිස බිහි වෙලා මහපොළොවෙන් බුද්ධ ශාසනය අතුරුදහන් වෙනවා.

දැන් ඔය එක එක විදිහට කයිවාරු ගගහා ඉන්න අය, ස්ථූපවලට බැන බැන ඉන්න අය, පුද පූජාවලට බැන බැන ඉන්න අය, විවේචනය කර කර ගරහමින් සිටින අයත් සංසාරෙ සැරිසරමින් ගිහිල්ලා නානාප්‍රකාර ආත්මභාව ලබයි. මනුස්ස ලෝකය සම්පූර්ණයෙන් ම අන්ධකාරයෙන් වැහිලා යයි. ඊටපස්සේ ටිකෙන් ටික

බුද්ධාගම ලෝකයෙන් නැති වෙලා යයි. කාලයාගේ ඇවෑමෙන් මිනිස්සු ගුණධර්මයන්ගෙන් අඩුවෙවී ගිහිල්ලා, එකිනෙකා මරාගෙන ගිහිල්ලා ආයුෂ බොහෝම අඩු මට්ටමට එයි. එතකොට එනවා මුරුගසන් වරුසාව. ඒ කියන්නේ අධික ද්වේෂ චිත්තයක් එනවා පේන පේන මනුස්සයාව මරන්ට.

දිව්‍යලෝකෙට පැනගත්තොත් බේරෙනවා....

මට මේ ළඟදි අහන්න ලැබුණා, එක ගෙදරක අවුරුදු හැත්තෑ ගාණක අම්මා කෙනෙකුට ඉස්සරහ ගෙදර ගෑණු එක්කෙනා මෝල් ගහ අරගෙන ඇවිල්ලා ගහගෙන ගහගෙන ගිහිල්ලා. අර වයසක අම්මා එතන ම මැරිලා. යක්ෂාවේශෙන් වගේ මිනිස්සු ගෙවල්වලට පැනලා ගහන්නේ. නිකම් පිපිඤ්ඤා කඩනවා වගේ, පතෝල කපනවා වගේ කපලා කොටලා මරලා දාන්නේ. අනාගතේ ඒක වැඩිවෙයි. මනුස්ස ලෝකෙම එන්න ඕනෙ කියලා කියන අයට බුද්ධ ශාසනය අතුරුදහන් වෙච්ච කාලෙටත් මෙහෙට ම යි එන්න වෙන්නේ. ඒ අය ඒ අවාසනාවන්ත ඉරණමට ගොදුරු වෙනවා.

දිව්‍ය ලෝකෙට පැනගත්තු අය සත්පුරුෂ දෙවිවරුන්ගේ ආශ්‍රයෙන් චතුරාර්ය සත්‍යයත් අවබෝධ කරාවි. දිව්‍ය ලෝකෙට පැනගත්තු ඇතැම් අය කාමයන්ට අසතුටුව බඹසර රැකලා, සමාධිය වඩලා බඹලොවත් යාවි. දිව්‍ය ලෝකෙට පැනගත්තු අය බේරෙයි. මනුස්ස ලෝකෙටම එන්න ඕනෙ කියලා කියපු අය හිර වෙනවා. මොකද හේතුව, යෝනිසෝ මනසිකාරයත් නැතුව, ගුණධර්මත් නැතුව, කර්මය ම දායාද කරගෙන, කර්මයට ම දාස වෙලානෙ වාසය කරන්නෙ.

කුසල් වඩද්දි ආයුෂත් වැඩෙනවා....

ඊට පස්සේ ආයුෂ අඩුවෙලා අඩුවෙලා ගිහිල්ලා අවුරුදු දහය වගේ ආයුෂ වෙනකොට මිනිස්සුන්ගේ කාම කෝපය බලවත් වෙලා බල්ලො බළල්ලු වගේ කාමයේ හැසිරෙන්න පටන් ගන්නවා. ඒ ගොඩේ ඉඳලා මැරුණට පස්සේ උපදින්නේ නිරයේ ම යි. ඊටපස්සේ ඔන්න මුරුගසන් වරුසාව වැහැලා ඔක්කෝම මරා ගන්නවා. පොඩි පිරිසක් ඉතුරු වෙනවා. ඒ පිරිස යාන්තම් ජීවිතේ බේරගෙන, හැංගිලා හිටපු තැන්වලින් එළියට ඇවිල්ලා 'අනේ ඔයත් බේරුණානේ... අනේ ඔයත් බේරුණානේ...' කියලා එකිනෙකා බදාගෙන අඬන්න පටන් ගන්නවා.

ඊට පස්සේ කතා වෙනවා "අපට මේ විපත වුණේ අපේ දුස්සීල භාවය නිසයි. ඒ නිසා අපි අද පටන් ප්‍රාණඝාතයෙන් වෙන් වෙලා වාසය කරමු" කියලා එකිනෙකාට මෛත්‍රී කරන්න පටන් ගන්නවා. ඊට පස්සේ ටික ටික මිනිස්සුන්ගේ ආයුෂ වැඩි වෙනවා. ඊට පස්සේ හොරකම් කිරීමත් අතහරිනවා. තවත් ආයුෂ වැඩිවෙනවා. ඊට පස්සේ වැරදි කාම සේවනයෙන් වැළකිලා එකිනෙකා කෙරෙහි ගෞරව කරන්ට පටන් ගන්නවා. ආයුෂ තවත් වැඩි වෙනවා. ඊට පස්සේ බොරුවෙන් රවට්ටන එක අතහරිනවා. ටික ටික ආයුෂ වැඩි වෙනවා.

මෛත්‍රී බුදුරජුන්ගේ පහළවීම....

ගුණධර්මවල බලයෙන් ඔය විදිහට ඒ මිනිස්සුන්ගේ දරු පරම්පරාවල ආයුෂ වැඩි වෙවී වැඩි වෙවී ගිහිල්ලා අවුරුදු ලක්ෂයට ආයුෂ යනවා. අපට හිතාගන්න බෑ ඒ ලෝකෙ ගැන. දැන් මේ ආයුෂ අඩුවෙවී යන ලෝකෙක

නෙ අපි ඉන්නෙ. ආයුෂ වැඩිවෙන ලෝකයක් ගැන
අපට හිතාගන්නවත් බෑ. ඊටපස්සේ ආයෙමත් ආයුෂ
අඩුවෙලා අවුරුදු අසුදාහට බහිනවා. ඔන්න ඒ කාලෙට
දඹදිව (ඉන්දියාවේ) බරණැස් නුවර 'බරණැස්' කියන නම
අතුරුදහන් වෙලා 'කේතුමතී' කියන නම ඇති වෙනවා.
ඒ බරණැස් නුවර තමයි මෛත්‍රී බුදුරජාණන් වහන්සේ
පහළ වෙන්නේ.

            මේ කාලේ භාග්‍යවතුන් වහන්සේට ගරහපු අයට,
ස්ථූපවලට ගරහපු අයට, පුද පූජාවලට ගරහපු අයට,
බුද්ධ භූමිවලට ගරහපු අයට, භාග්‍යවතුන් වහන්සේ උපන්
භූමියට ගරහපු අයට, ත්‍රිලක්ෂණයට ගරහපු අයට, ත්‍රිවිධ
රත්නයට ගරහපු අයට මෛත්‍රී බුදුරජාණන් වහන්සේව
දකින්නවත් ලැබෙන්නෙ නෑ. ඒ ඔක්කොම ගිහිල්ලා
උපදින්නේ (අප්‍රිකාවේ, කාන්තාර ප්‍රදේශ ආදී) ම්ලේච්ඡ
ජනපදවල. මනුස්ස ලෝකෙට ආවත් එහේ තමයි
උපදින්නේ. ම්ලේච්ඡ කියලා කියන්නේ සත්තු දඩයම්
කරලා, මස් පුළුස්සගෙන කකා වැද්දෝ වගේ ජීවත්
වෙන මිනිස්සු ඉන්න පළාත්වල ගිහිල්ලා උපදිනවා. ඒ
පළාත්වලට රහතන් වහන්සේලා වඩින්නේ නෑ.

වහසි බස්වලින් ප්‍රයෝජනයක් නෑ....

            එතකොට ඒ මෛත්‍රී බෝසතාණන් වහන්සේ
බුද්ධත්වයට පත්වෙන්නේ තව කොච්චර කාලෙකින් ද
කියලා අපට හිතාගන්ට අමාරුයි. අතිශයින් ම දුෂ්කර
කාලයක් අනාගතේට තියෙන්නේ. ඒ නිසා මේ වහසි බස්
කතා කිරීමේ කිසිම ප්‍රයෝජනයක් නෑ. පණ්ඩිතකම් කතා
කිරීමේ කිසිම ප්‍රයෝජනයක් නෑ. ධර්මඥානයක් නැති,
මේ සූත්‍ර ධර්ම අධ්‍යයනය නොකරපු මෝඩ අයනෙ "දිව්‍ය

ලෝකෙ ගිහිල්ලා කොහොමද? පින් කිරීමෙන් සසර දික් වෙනවා" ආදී වශයෙන් ඔය වගේ කතා කියන්නෙ. ඒ නිසා මේකේ වැදගත් වෙන්නේ බුද්ධ දේශනා කියවලා නුවණින් කල්පනා කිරීමයි.

දැන් මේ පඤ්ච භයවේර සූත්‍ර දේශනාව බුදුරජාණන් වහන්සේ වදාළේ අනේපිඬු සිටාණන්ට. අනේපිඬු සිටාණෝ සෝවාන් ඵලයට පත්වෙලා දැන් වාසය කරන්නේ තුසිත දිව්‍ය ලෝකයේ. මේ වෙද්දී තවදුරටත් ධර්මය පුරුදු කරලා සමහර විට දැන් සකදාගාමී වෙලත් ඇති. වෙන්න බැරිද? වෙන්න පුළුවන්. අපි දන්නෙ නෑනේ. ප්‍රඥාවන්ත කෙනාට ඒක වෙන්න පුළුවන්.

නුවණ නැති බව ක්‍රියාවෙන් ඔප්පු වෙනවා....

ඒ නිසා පින්වත්නි, මේ ධර්මය පුරුදු කිරීම කියන එක කට වචනයෙන්, හැඟීමකට බරව කරන එකක් නෙවෙයි. ඒක නුවණින් සලකා කරන එකක්. දැන් ඔබේ ජීවිත ගත්තොත් ගෙවල්වල ඔය මොනවාහරි උයාගෙන පිහාගෙන කාලා ජීවත් වෙච්ච පිරිසක්නෙ. ඔබට මේ අහන්ට ලැබෙන්නේ දුර්ලභ එකක්. දුර්ලභ එකක් අහන්ට ලැබෙනකොට ඒක හරියට ගලපගන්න මොළයක් නැත්නම් ඒක තමන්ට සිද්ධ වෙන පාඩුවක්.

යෝනිසෝ මනසිකාරය වර්තමාන මනුස්සයාට නෑ කියලා අපි ආවාට ගියාට කියනවා නෙවෙයි. ඒක හැමතිස්සේ ම මනුස්සයාගේ ක්‍රියාවෙන් ඔප්පු වෙන එකක්. සෝතාපත්ති අංගවල පිහිටලා නෑ කියන එක ආවාට ගියාට කියනවා නෙවෙයි. ඒක මේ මනුස්සයාගේ

ක්‍රියාවෙන් පේන එකක්. තිසරණය නෑ කියලා කියන්නේ ආවාට ගියාට නෙවෙයි. තිසරණය නැති සමාජයක ලක්ෂණ හැමතිස්සේම පේන එකක්. ඒකයි අපි කියන්නේ මේ දුර්ලභ අවස්ථාව අහිමි කරගන්ට එපා කියලා. අපට ලැබිච්ච දුර්ලභ අවස්ථාවක් තමයි මේ මනුස්ස ආත්මයක් ලැබිච්ච එක. ඒ වගේම දුර්ලභ අවස්ථාවක් තමයි මේ ධර්මය ලැබිච්ච එක.

ඊළඟ දුර්ලභ අවස්ථාව තමයි බුදුරජාණන් වහන්සේගේ ගුණ මෙනෙහි කර කර සරණ යන්න පුළුවන්කම, ධර්මයේ ගුණ මෙනෙහි කර කර සරණ යන්න පුළුවන්කම, ශ්‍රාවක සංඝයා කියලා රහතන් වහන්සේලාගේ ගුණ මෙනෙහි කර කර සරණ යන්න පුළුවන්කම, ඒ වගේ ම අපට ලැබුණු දුර්ලභ අවස්ථාවක් සීලයක් සමාදන් වෙන්න පුළුවන්කම. ඒ වගේම අපට ලැබුණු දුර්ලභ අවස්ථාවක් තමයි පටිච්ච සමුප්පාදය මෙනෙහි කර කර ඉන්න තියෙන අවස්ථාව. ඉතින් ඒ නිසා අපටත් මේ උතුම් ගෞතම බුද්ධ ශාසනයේ ම පිළිසරණ ලබන්ට වාසනාව ලැබේවා...!

සාදු! සාදු!! සාදු!!!

මහාමේඝ ප්‍රකාශන

19. මහධන සිටුපුත්‍රයා
20. අනේපිඬු සිටුතුමා
21. නන්ද මහරහතන් වහන්සේ
22. මණිකාර කුළුපග තිස්ස තෙරණුවෝ
23. විශාඛා මහෝපාසිකාව
24. පතිපූජිකාව
25. සිරිගුත්ත සහ ගරහදින්න
26. මහාකස්සප මහරහතන් වහන්සේ
27. අහෝ දෙව්දත් නොදිටි මොක්පුර
28. භාගිනෙය්‍ය සංඝරක්ඛිත මහරහතන් වහන්සේ
29. උදලු කෙටිය
30. සාමාවතී සහ මාගන්දියා
31. සිරිමා
32. බිළාලපාදක සිටුතුමා
33. මඝවා නම් වූ සක්දෙවිඳු
34. ආනන්දය, සර්පයා දුටුවෙහි ද?
35. සුදොවුන් නිරිඳු
36. සුමනා දේවිය
37. නමෝ බුද්ධාය
38. චෝරඝාතක
39. සිදුරු පහේ ගෙදර
40. අග්ගිදත්ත බ්‍රාහ්මණයා

- **ඉංග්‍රීසි භාෂාවට පරිවර්තනය වී ඇති ධර්ම දේශනා ග්‍රන්ථ :**

01. Mahamevnawa Pali-English Paritta Chanting Book
02. The Wise Shall Realize
03. The life of Buddha for children
04. Buddhism

- **ඉංග්‍රීසි භාෂාවට පරිවර්තනය වී ඇති සූත්‍ර දේශනා ග්‍රන්ථ :**

01. Stories of Ghosts
02. Stories of Heavenly Mansions
03. Stories of Sakka, Lord of Gods
04. Stories of Brahmas
05. The Voice of Enlightened Monks
06. The Voice of Enlightened Nuns
07. What Does the Buddha Really Teach? (Dhammapada)
08. What Happens After Death - Buddha Answers
09. This Was Said by the Buddha
10. Pali and English Maha Satipatthana Sutta

- **ඉංග්‍රීසි භාෂාවට පරිවර්තනය වී ඇති සදහම් සිතුවම් පොත් :**

01. Chaththa Manawaka
02. The Great Arhant Bahiya Darucheeriya
03. The Great Arhant Pindola Bharadvaja
04. Sumana the Novice monk
05. The Great Arahath Bikkhuni Ambapali
06. The Great Arahant Rattapala
07. Stingy Kosiya of Town Sakkara
08. Kisagothami
09. Sumana The Florist
10. Kali She-devil
11. Ayuwaddana Kumaraya
12. The Banker Anathapindika
13. The Great Disciple Visākhā
14. Siriguththa and Garahadinna

www.ingramcontent.com/pod-product-compliance
Lightning Source LLC
Chambersburg PA
CBHW070533030426

42337CB00016B/2188